INKLUSIONS-MATERIAL
Musik
Klasse 5–10

Daniel Mark Eberhard/Ulrike Höfer

D1720454

Mit einer Einführung von Andreas Hinz

Cornelsen

Der Herausgeber
Michael Klein-Landeck ist Gesamtschullehrer für Englisch, Sport und Musik sowie Dozent an der Universität Hamburg. Seine Forschungsschwerpunkte sind Reform- und Montessori-Pädagogik.

Die Autoren
Daniel Mark Eberhard ist Professor für Musikpädagogik und Musikdidaktik an der Katholischen Universität Eichstätt-Ingolstadt, Referent in der Lehrerfortbildung und professioneller Musiker.

Ulrike Höfer ist Lehrerin für Musik und Sonderpädagogik. Zurzeit ist sie als wissenschaftliche Mitarbeiterin am Institut für Musikpädagogik an der Universität der Künste in Berlin tätig. Ihre Forschungsschwerpunkte sind Inklusion und diagnostische Kompetenz.

Bildquellen
S. 58 (von oben nach unten) Fotolia.com/© Gerhard Seybert, Fotolia.com/© elypse, picture-alliance/ © ZB, picture alliance /© dpa Themendie; alle anderen Bilder stammen von den Autoren

Projektleitung: Franziska Wittwer, Berlin
Redaktion: Marion Clausen, Berlin
Grafik: Kristina Wiedemann, Berlin
Umschlagkonzept/-gestaltung: Ungermeyer, Berlin
Layout/technische Umsetzung: Ludger Stallmeister, Wuppertal

www.cornelsen.de

1. Auflage 2016

© 2016 Cornelsen Verlag GmbH, Berlin

Druck: CPI – Clausen & Bosse, Leck

ISBN 978-3-589-15811-9

 Inhalt gedruckt auf säurefreiem Papier aus nachhaltiger Forstwirtschaft.

Inhalt

Hinweise:

Es sind selbstverständlich stets beide Geschlechter gemeint, auch wenn aus Gründen der besseren Lesbarkeit nur eine Form verwendet wird.

Vergrößern Sie die Kopiervorlagen mit 141%, um eine DIN-A4-Seite zu erhalten.

Das Fach Musik kann von den aktuellen Veränderungen schulischer Lernkulturen, -strukturen und -praktiken mit dem Ziel einer „Pädagogik der Vielfalt" in besonderer Weise von den Potenzialen der Beteiligten profitieren. Der Wandlungsprozess von einem integrativen Denken und Handeln zur konsequenten Umsetzung des Menschenrechts „Inklusion" bringt aber auch große Verunsicherungen und Herausforderungen für die Lehrenden, für den institutionalisierten Musikunterricht und für das System „Schule" mit sich.

Einerseits bedarf es eines gesamtgesellschaftlichen und systemimmanenten Umdenkens hinsichtlich des Umgangs mit Diversität, andererseits sind fachspezifische Antworten auf Fragen, die sich im Rahmen der Gewährleistung barrierefreier, gleichberechtigter und individuell angepasster Bildungschancen für alle Menschen stellen, zu entwickeln.

Erinnert sei diesbezüglich daran, dass sich die inklusive Sichtweise dadurch auszeichnet, dass sich Menschen nicht an die jeweiligen unflexiblen Kulturen, Strukturen und Praktiken anzupassen haben, sondern eben diese für die individuellen Bedürfnisse jedes Einzelnen zugänglich gemacht werden müssen.

Da alle Menschen unabhängig von ihren Dispositionen erlebnisfähig sind und sowohl die unterschiedlichen Erscheinungsformen von Musik(en) als auch das Schulfach Musik viele Zugangsmöglichkeiten bieten, gehen wir davon aus, dass grundsätzlich jeder Mensch im Sinne einer inklusiven schulischen Musikpädagogik erreicht werden kann.

Mit der vorliegenden Publikation wird ein umfangreicher didaktisch-methodischer Vorstoß für das Fach Musik gewagt, indem systematisch Handlungsvorschläge für den inklusiven Umgang mit ausgewählten, besonders relevanten Diversitätsfaktoren vorgestellt werden. Berücksichtigt sind dabei nicht nur unterschiedliche Formen von Behinderung, sondern auch besondere Lebensbedingungen durch Migration, Religion und sozialen Status, unterschiedliche musikalische Vorerfahrungen, Alters- und Geschlechtsfragen sowie der Aspekt „Hochbegabung".

Eine ausführliche exemplarische Musikstunde liefert Impulse zur weiteren inklusionsspezifischen Professionalisierung der Lehrenden im Fach Musik.

Wir wünschen allen Lesern eine anregende Lektüre und freuen uns über Rückmeldungen sowie über Lob und Kritik zu diesem Buch.

Daniel Mark Eberhard & Ulrike Höfer

Inklusion ist in aller Munde. Das war zur Jahrtausendwende noch anders, denn Inklusion als Begriff im pädagogischen Kontext war im deutschen Sprachraum so gut wie unbekannt und fand erst in den folgenden Jahren zunehmend Verwendung (vgl. z. B. HINZ 1996, 2000, 2002). Heute sprechen alle – logischerweise insbesondere in pädagogischer Praxis, Bildungspolitik und Bildungsverwaltung – von Inklusion, nachdem sie, angestoßen durch die UN-Behindertenrechtskonvention, stärker als juristische Verpflichtung wahrgenommen wird. Gleichzeitig werden die Verständnisse von Inklusion immer diffuser – wie üblich, wenn Begriffe in einer Welle hochgespült und schnell zu modischen „In-Begriffen" werden (HAEBERLIN 2007, hier weitgehend synonym mit Integration verwandt). Insofern drängt sich der Verdacht auf, dass sich innerhalb von etwas mehr als zehn Jahren ein recht schneller Wandel „von der Unkenntnis zur Unkenntlichkeit" vollzogen hat (vgl. HINZ 2013). Daher erscheint es auch heute wichtig, die Diskussion darüber zu führen, was es mit dem Inklusionsbegriff im Kontext von Schule auf sich hat und welche Folgen für den Unterricht entstehen können.

Die internationale Diskussion um „inclusive education"

Häufig ist in der Literatur zu lesen, die internationale Debatte und die Entwicklung inklusiver Bildung habe mit der Salamanca-Erklärung begonnen. Sicherlich bildet diese weltweit verabredete, doch rechtlich unverbindliche Empfehlung aus dem Jahr 1994 ein wichtiges Dokument in diesem Kontext, der Beginn liegt jedoch weitaus früher. So taucht „inclusive education" nach SKRTIĆ (1995) erstmalig 1976 in einem Aufsatz auf. In Nordamerika ist sie eng mit der kritischen Wahrnehmung der Integration entsprechend „der am wenigsten einschränkenden Umgebung" mit ihrer differenzierten Struktur verbunden – je nach Unterstützungsbedarf teilweise oder in Vollzeit. Gerade dortige Interessenvertretungen für Menschen mit schweren Behinderungen wie TASH in den USA oder CACL in Kanada kritisieren, dass dieses „Kaskadenmodell" mit unterschiedlichen Integrationsstufen aus den 1940er-Jahren einen „nicht integrierbaren Rest" produziert, der in besonderen Systemen verbleibt und bei dem sich dann u. U. die Frage nach Bildung und deren Ersatz durch Betreuung stellen könnte (vgl. HINZ 2008).

In anderen Ländern wird „inclusive education" auch mit anderen Aspekten von Vielfalt verbunden, etwa in Indien mit „poverty, cultural bias, systemic exclusion" (ALUR 2005, 130). Charakteristisch ist dabei, dass auf die Barrieren „Armut, kulturelle Befangenheit und systemische Aussonderung" in Systemen fokussiert wird und nicht auf „Arme", „Mädchen" und „Behinderte". Gleichwohl finden sich in verschiedenen Kontexten Hinweise darauf, dass es auch international ein Verständnis gibt, das „inclusive education" vornehmlich bis exklusiv auf den Aspekt von Beeinträchtigung beschränkt sieht – und vielfach gibt es Distanzierungen von diesem verengten Verständnis, so z.B. im südafrikanischen Kontext: „There is a tendency in education circles to equate the international inclusive education movement with disability and other ‚special needs'. ... It is important to address the challenges of inclusion in the context of addressing *all* forms of discrimination. This means that discrimination and exclusion relating to social class, race, gender and disability and other less obvious areas (such as different learning styles and paces) should be addressed in a holistic and comprehensive manner" (LAZARUS/DANIELS/ENGELBRECHT 1999, 47f.; Hervorh. i.O.). [1]

Offenbar gibt es also international unterschiedliche Positionen zu der Frage, wie eng oder weit der inklusive Blick zu fassen ist. Hierbei spielen auch Interessenlagen von Verbänden eine Rolle: So sorgten Behindertenverbände in Südafrika dafür, dass die dortige inklusive Bildung nicht dem englischen Konzept „barriers for learning and participation" (BOOTH/AINSCOW 2002) folgt, mit dem Barrieren für das Lernen und die Teilhabe aller Beteiligten, Kinder wie Erwachsener, wahrgenommen und abgebaut werden, sondern mit stärkerer Betonung sonderpädagogischer Aspekte; es wird von „barriers for development", also Barrieren für die Entwicklung, gesprochen (vgl. NAICKER 1999), mit denen Schülerinnen und Schüler auf vielfältige Weise konfrontiert sein können.

Eine Beschränkung von inklusiver Bildung auf einen Aspekt von Vielfalt – Beeinträchtigung – erscheint schon deshalb problematisch, weil Menschen sich in vielfältigen Zusammenhängen befinden und Diskriminierungsprozesse sich nicht auf einen Aspekt begrenzen lassen. Somit wird ein solches eindimensio-

---

1 „Es gibt eine Tendenz in pädagogischen Kreisen, die internationale Bewegung für inklusive Bildung mit Beeinträchtigung und anderen ‚besonderen Bedürfnissen' gleichzusetzen. ... Es ist wichtig, die Herausforderungen der Inklusion im Kontext *aller* Formen von Diskriminierung zu sehen. Das bedeutet, dass Diskriminierung und Aussonderung, die mit sozialen Milieus, Hautfarbe, Geschlechterrollen, Behinderung und anderen weniger offensichtlichen Bereichen (wie unterschiedliche Lernstile und -geschwindigkeiten) verbunden sind, in einer holistischen und ganzheitlichen Weise angesprochen werden sollten."

nales Konzept inklusiver Bildung dem umfassenden Anspruch von Inklusion nicht gerecht, sondern zementiert die Sonderstellung des entsprechenden Personenkreises und die Fokussierung auf dessen Beeinträchtigung – bei den Betreffenden selbst wie bei ihrem Umfeld – mit den problematischen Folgen der Typisierung und Stigmatisierung (vgl. BOOTH 2008, BOBAN/HINZ/PLATE/TIEDEKEN 2014).

Die Eckpunkte von Inklusion

So komplex sich auch die internationale Debatte darstellt – im Rückblick lassen sich in deutlicherer Systematisierung einige Eckpunkte herauskristallisieren, die wie folgt zusammengefasst werden können (vgl. HINZ 2004, 46 f., BOBAN/ HINZ 2014):

Im inklusiven Verständnis ist die Vielfalt von Menschen etwas Positives, mit dem die Beteiligten so umgehen, dass sie – bei allen Konflikten und Spannungen – für die Entwicklung von Menschen und für ihr Zusammenleben förderlich ist und nicht durch Aufteilungen und Zuordnungen „wegorganisiert" werden müsste.

Eine inklusive Sicht bezieht sich auf alle Aspekte der Vielfalt von Menschen, seien es unterschiedliche Fähigkeiten, Geschlechterrollen, ethnische Herkünfte, Nationalitäten, Erstsprachen, Hautfarben, soziale Milieus, Religionen, sexuelle Vorlieben, körperliche Bedingungen, politische und philosophische Orientierungen und andere mehr. Dabei sind nicht die Merkmale an sich wichtig, sondern die gesellschaftlichen Bedeutungen, mit denen sie verbunden werden und bei denen das Individuum hinter einer dominierenden, negativ (oder auch positiv) bewerteten, zugeschriebenen Eigenschaft zu verschwinden droht. Hinter jedem dieser Aspekte steht jeweils eine Debatte um gesellschaftliche Diskriminierung – um Sexismus, Rassismus, Sozialdarwinismus, Fettismus, Heteronormativität, Islamfeindlichkeit, Adultismus etc. Diese Aspekte werden nicht wie bisher getrennt diskutiert, sondern nun in einen Gesamtzusammenhang gebracht.

Inklusion ist an den universellen Menschenrechten und der Bürgerrechtsbewegung orientiert und wendet sich gegen jede Form von Diskriminierung und Marginalisierung, also jede Tendenz, eine Person aufgrund jeglicher Zuschreibungen und/oder exklusiver Strukturen und Rahmenbedingungen an den Rand zu drängen und für sie Barrieren für Selbstbestimmung und gleichberechtigte Partizipation aufzubauen oder beizubehalten.

Inklusion ist keine primär pädagogische Orientierung, sondern eine weltweite, gesamtgesellschaftliche Entwicklungsperspektive mit der Vision einer inklusiven Gesellschaft, die sich in allen Bereichen mehr und mehr realisieren soll – auch in der Bildung.

Damit ist deutlich, dass Inklusion immer auch einen visionären Anteil hat und nie als vollständig erreichbar angesehen werden kann. Moderne, arbeitsteilige Gesellschaften haben eher die Tendenz, Diskriminierung und Exklusion gegenüber bestimmten Gruppen zu verstärken und sich in Krisenzeiten sozial zu spalten. Gleichwohl gibt der normative „Nordstern" der Inklusion Orientierung für nächste konkrete Entwicklungsschritte, die unmittelbar angegangen werden können – und vor dem Hintergrund der universellen Menschenrechte sowie deren Bestätigung durch die UN-Behindertenrechtskonvention durch Einzelne und die Gesellschaft als Ganzes auch umgesetzt werden müssen.

Mit einem solchen Blick bietet inklusive Pädagogik als Konzept die Chance, über die Integration bestimmter Gruppen *in etwas Bestehendes hinein* hinauszugehen, also von einem tendenziell assimilativen zu einem stärker transformativen Verständnis zu kommen (vgl. BOOTH 2008) und die unangemessene Definition von verschiedenen, scheinbar eindeutig abgrenzbaren Gruppen, etwa „Behinderte" und „Nichtbehinderte" oder „Deutsche" und „Ausländer", also die alltäglichen Zwei-Gruppen-Theorien, zu überwinden. Vielmehr kann man sich der Vorstellung eines ununterteilbaren Spektrums sowohl gleicher als auch verschiedener Individuen annähern, wie sie bereits die Theorie integrativer Prozesse in den 1990er-Jahren vertritt (vgl. REISER 1991, HINZ 1993). Damit werden alle Pädagogiken und pädagogischen Professionen für Heterogenität zuständig, anstatt ihre Aufteilung weiter zu zementieren. Der Blick richtet sich auf die Veränderung und Weiterentwicklung der pädagogischen und institutionellen Bedingungen statt auf die Veränderung von Lernenden und ihre „richtige Platzierung" oder auf die Absicherung – wie neuere sonderpädagogische, sich inklusiv gebende Ansätze behaupten – ihrer „responsiven Entwicklung" (vgl. HINZ/GEILING/SIMON 2014).

Drei Perspektiven auf Inklusion

Für eine genauere Betrachtung inklusiver Pädagogik ist es sinnvoll, drei sich ergänzende Perspektiven auf Inklusion zu unterscheiden (vgl. BOOTH 2008, 53-64): Eine erste Perspektive richtet sich auf die Teilhabe von Personen. Hier wird die Frage nach der vollen Partizipation für die einzelne Person an allen gesellschaftlichen Bereichen gestellt. Dies ist auch ggf. die Ebene juristischer Auseinandersetzungen, bei denen die Realisierung von Menschenrechten überprüft wird. Diese Perspektive ist unverzichtbar, da mit ihr die Möglichkeiten demokratischen Umgangs miteinander stehen und fallen. Problematisch kann dabei jedoch sein, dass die Partizipation von der Überwindung eines bestimmten, u. U. behindernden Merkmals abhängig gesehen wird.

Eine zweite Perspektive bezieht sich auf Teilhabe an und Barrieren in Systemen. Sie stellt die Frage, wie vorhandene Systeme – etwa Schulen – mit der Heterogenität derer umgehen, die sie in Anspruch nehmen (müssen). Ein prominentes Beispiel für die Bedeutung dieser Perspektive bildet die langjährige Überrepräsentanz männlicher Jugendlicher mit islamischem Migrationshintergrund beim Ausschluss aus allgemeinen Schulen und beim Übergang in Schulen für Lernbehinderte, die wesentlich durch „strukturelle Diskriminierung" begründet ist (vgl. GOMOLLA/RADTKE 2009). Während bei der ersten Perspektive „das Problem" eher bei der einzelnen Person lokalisiert wird, wird es auf der zweiten Ebene im System selbst verortet – hier ist also die systemische Qualität und ihr mehr oder weniger vorhandenes inklusives Potenzial gefragt, sei es in einer einzelnen Schule, in einem Kooperationsverbund, einer Region oder im Bildungssystem insgesamt.

Eine dritte Perspektive schließlich fragt nach der inklusiven Grundorientierung, die die Basis für das Selbstverständnis einer Bildungseinrichtung bildet. Hier geht es um die grundlegende Wertorientierung eines Systems, und damit stehen viele Themen mit ihrer Bedeutung und ihrem Verständnis zur Debatte. Dabei gibt BOOTH nicht etwa einen festen Kanon bestimmter inklusiver Werte vor – was ein gerade angesichts der deutschen Geschichte und ihren Missbräuchen wertegeleiteter Erziehung problematisches und zu recht Misstrauen erregendes Vorgehen wäre –, vielmehr bietet er ein sich immer wieder auf der Basis seiner eigenen Reflexion veränderndes Geflecht von Überschriften („headings") an, die es zu reflektieren gilt (vgl. BOBAN/HINZ 2014). Da auch jede Schule auf Wertorientierungen basiert, stellt sich die Frage, wie weit …

a. sie auf den Menschenrechten basieren,
b. sie den Beteiligten bewusst sind,
c. ein Konsens in der Schule über sie besteht und
d. sie mit dem konkreten Handeln verbunden sind.

Die gemeinsame Reflexion über die Grundorientierung und die Feinjustierung ihrer inklusiven Ausrichtung ist eine Daueraufgabe für jede pädagogische Einrichtung.

Wie BOOTH (2008) anmerkt, bleibt jede einzelne Perspektive der Betrachtung notwendigerweise beschränkt, erst ihre Ergänzung ermöglicht eine inklusive Perspektive. Inklusion bezieht sich also auf Prozesse der Weiterentwicklung von Bildungseinrichtungen, hier von Schulen, im Sinne der drei Perspektiven: der Möglichkeiten der Partizipation aller Menschen, des Abbaus von Barrieren im System selbst und der dem Handeln zugrunde liegenden Wertorientierungen auf der Basis der Menschenrechte.

Folgen für den Unterricht

Nun könnte es so aussehen, als ob völlig neue Anforderungen auf die allgemeinen Schulen zukommen würden. Das ist jedoch nur teilweise der Fall, nämlich wenn Schulen weitgehend nach alten Traditionen des gleichschrittigen Lernens im fragend-erarbeitenden Unterricht vorgehen und Lehrer und Lehrerinnen laufend Fragen stellen, die sie selbst am kompetentesten beantworten könnten. In jeder Schule gibt es jedoch vielfältige Praktiken, die zumindest inklusives Potenzial haben und versuchen, auf die vorhandene Vielfalt der Schülerschaft besser einzugehen. Das mögen projektorientierte, fächerübergreifende oder Methoden des kooperativen Lernens sein, ebenso wie ökologische, musische, sportliche Schwerpunkte, die „gesunde", die „gewaltfreie" oder die Europa-Schule. Jede Schule kann auf eigene Praktiken blicken, die inklusiv wirksam sind – und keine fängt beim Punkt Null an. Dies mag sich anders darstellen, wenn Inklusion auf den Aspekt Beeinträchtigung verkürzt wird, zumal dann auch schnell die Sonderpädagogik und die entsprechenden Kolleginnen und Kollegen als zunächst zuständig angesehen werden – und damit wäre der größte Teil innovativen Potenzials von Inklusion verschenkt.

Letztlich geht es auch beim inklusiven Unterricht um die immer schon zentrale pädagogische Frage, wie es gelingen kann, dass – hier sehr und gewollt –

unterschiedliche Kinder und Jugendliche im sozialen Kontext einer Lerngruppe kontinuierlich miteinander aufwachsen können und Unterricht sowohl für jeden Einzelnen Lernzuwächse ermöglicht, als auch für die soziale Gruppe Prozesse der Auseinandersetzung und der Kooperation sichert, so dass der soziale Zusammenhang gewahrt bleibt. Hierfür stellt die Gesamtschulpädagogik Strategien wie das Team-Kleingruppenmodell oder das Kooperative Lernen bereit, die integrative Pädagogik hat sie unter dem Aspekt großer Leistungsheterogenität weiterentwickelt (vgl. HINZ 2006). Letztlich geht es um die Balance von individualisiertem und gemeinsamem Lernen (vgl. HINZ 2004).

Inklusive Pädagogik stellt in diesem Zusammenhang nichts grundsätzlich Neues dar, sie bringt „lediglich" die unterschiedlichen Aspekte in einen systematischen Zusammenhang und greift dabei häufig auf die Pädagogik der Vielfalt zurück (vgl. PRENGEL 1993, HINZ 1993).

Ohne einen „Königsweg" zum inklusiven Unterricht behaupten zu wollen, erscheinen zwei Ansätze des Lernens unter inklusiven Gesichtspunkten als bedeutsame Wegweiser, die ein produktives Potenzial der Verunsicherung aufweisen: das pluralistische Lernen aus dem Bereich der demokratischen Bildung und das expansive Lernen aus der Kritischen Psychologie.

Pluralistisches Lernen

Pluralistisches Lernen, so Yaacov Hecht (bekennender, hoch kompetenter „Schulversager" und Gründer der ersten demokratischen Schule in Israel), berücksichtigt die Einmaligkeit jeder Person und basiert auf der Überzeugung des für alle Menschen gleich geltenden Rechts, diese Einmaligkeit auch ausdrücken zu können (vgl. HECHT 2010). Ein Bildungssystem, das diese Einmaligkeit nicht berücksichtigt, ignoriert die Person, mit der es zu tun hat. Es mag Aspekte dieser Person, also verallgemeinerbare Ähnlichkeiten einer Gruppe wie dieser Person berücksichtigen (Alter, Herkunft, typisches Pausenverhalten etc.), so als wären alle Kopien voneinander und lediglich eine variierende Summe von Eigenschaften, nicht aber ein einzigartiger Mensch, bestehend aus einem einmaligen multi-zellularen genetischen Code und ohne auch nur eine einzige humane Entsprechung. Diesen Personen, deren Beiträge zur Welt immer einmalig sind, will pluralistisches Lernen Rechnung tragen. Ein Schritt hierzu ist die bewusst wahrgenommene Differenz zwischen Weltwissen und Schulwissen (vgl. Abb. 1).

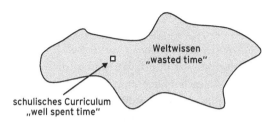

Abb. 1: Weltwissen und Schulwissen (nach Hecht 2002, 5)

Die Wolke repräsentiert das gesamte Weltwissen in seiner sich ständig vergrößernden Komplexität, das kleine Quadrat symbolisiert das Wissen, das traditionell per tradiertem Unterricht gelehrt und als obligatorisches Curriculum den Lernenden einzig zugänglich ist – und dies auch noch allen zur selben Zeit. Nur diese Hinwendung zur gleichen Zeit, zum gleichen Thema und auf die augenscheinlich gleiche Weise gilt als gut verbrachte Zeit – alles andere wird als Zeitverschwendung eingestuft. Also verharren die meisten Lernenden in großer Zahl auf engem Raum und versuchen sich in dem Kunststück, sich selbst und eigene Erkenntnisinteressen und Bedürfnisse, die eigene Frage und Neugier im Blick zu behalten und sich dennoch gleichzeitig an das große Ganze anzupassen. Nicht selten führt dies zu dem Ergebnis, dass diese Assimilation den Verlust sowohl der eigenen wie der Wahrnehmung der anderen bewirkt (vgl. HECHT 2002, 5).

Innerhalb des Quadrats versuchen alle, sich so gut es geht an die Vorgaben zu halten und dem je geforderten Format anzupassen. Dies ermöglicht, sie anhand eines klaren Kriteriums zu klassifizieren und nun als (Hoch-)begabte, Gute, Durchschnittliche, Schwache und Schlechte zu konstruieren. Da suggeriert wird, dass die Passung innerhalb des Quadrats die essenzielle Vorbereitung auf das Leben sei, wird diese Einschätzung von vielen sehr ernst genommen. Der größte Erfolg des Systems, so Hecht, liegt darin, „Squaristics" (ebd., 6) also „Quadratisten" zu erzeugen, die ihre (Lern-)Erfolge nur nach Bedeutungsgraden innerhalb des Quadrats kategorisieren und bewerten. Solange der dortige Maßstab gilt, glauben sie einschätzen zu können, ob sie einen Wissenszuwachs haben und von welcher Qualität ihr Können ist – immer bezogen auf das curricular relevante Faktenwissen im Quadrat.

Die vermeintliche Gewissheit, das einzig Richtige auf die einzig richtige Art gelernt zu haben, weil es ihnen erst angetragen, dann motivierend nahe gebracht, schließlich beigebracht wurde, Schritt für Schritt in der dafür angesetzten Zeit, suggeriert in jedem Fall, eigene Lernzeit gut verbracht zu haben. Die Wissensautoritäten, so Hecht, verabreichen didaktisch aufbereitetes Material Häppchen für Häppchen und verfüttern den Stoff an die Wissenshungrigen, auf dass sie satt und vom Nichtwissenden zum Wissenden werden. Wenn falsche Antworten vom „guten Pfad der Linearität" wegführen und bei jeder unerwarteten Antwort Warnlampen anspringen, wird Monodenken genährt (vgl. Abb. 2). Diese Charakterisierung einer Kultur eines künstlichen und reaktiven Lernens ruft dann geradezu nach Formen der Hilfe und Ergänzung wie Nachhilfe oder nach anderen individuellen Anpassungstricks und -strategien. „Individuelle Förderung" ist relativ leicht in die lineare Dynamik einzufügen (vgl. BOBAN/HINZ 2012). Dann heißt es oft, man müsse die Lernenden dort abholen, wo sie stünden.

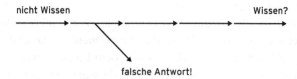

Abb. 2: Fehler im linearen Lernen (nach HECHT 2002, 7)

Auf diesem schmalen Grat drängelt sich zeitgleich eine Masse von Menschen, stets in der Gefahr abzustürzen, wenn sie dem Plan der Autoritäten nicht voll entsprechen können. In der Lehrerfortbildung soll dann geklärt werden, wie Lernen Spaß machen kann und wie man die Lernenden motivieren kann, sich den Fragen zuzuwenden, für deren Verkauf die Lehrpersonen bezahlt werden. Wer hier mit falschen Antworten lernend abbiegt, landet woanders, in anderen Klassen, Schulen und Schultypen und ggf. in der Psychiatrie oder im Gewahrsam der Polizei, wenn die Unterwerfung nicht aushaltbar ist und durch Schulabsentismus gelöst wird – so Hechts Analyse der bisher üblichen „Spielregeln".

Die Perspektive des pluralistischen Lernens erlaubt zu erkennen, dass es außerhalb des Quadrats keine Notwendigkeit für diese Form des Balanceakts gibt. Hier wird in spiralförmigen Bewegungen um Wissenszuwächse gerungen. Je größer aber der Wissenszuwachs wird, umso größer wird auch das Erkennen, was alles mit ihm im Zusammenhang steht und noch unklar ist. Hecht mutmaßt, dass Stephen Hawking das umfassendste Wissen über schwarze Löcher in der Astrophysik hat und deshalb zugleich derjenige sein dürfte, der die meisten unbeantworteten Fragen hierzu hat.

Die echte Hinwendung zu dem je eigenen Interesse ist jedoch nicht so einfach, wie es den Anschein haben mag, denn echtes Interesse und ernsthafte Hinwendungsbereitschaft sind oftmals verschüttet oder werden durch eine Flut von Informationen gestört. Wenn aber vertiefendes, selbst gesteuertes Lernen im unendlichen Feld des Weltwissens und im Modus der „Zeitverschwendung" stattfindet, dann lässt sich pluralistisches Lernen mit dem Bild der Spirale und vier immer wieder zu durchlaufenden Bereichen darstellen (vgl. Abb. 3): Sie beginnt im bewussten Nichtwissen, erste Suchbewegungen führen zum Entdecken, neue Erkenntnisse fügen sich zusammen zum Wissen, bis neue Fragen zum Zweifeln führen, sicher zu Wissen Geglaubtes stirbt und neue Samenkörner anderer Ideen ausgesät werden, die mit neuen Zutaten und vertiefter Hinwendung zu sprießen beginnen, Blüten und Früchte des Wissens tragen, bis auch sie welken und eingehen.

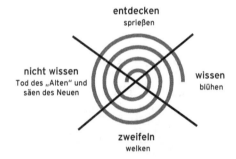

Abb. 3: Pluralistisches Lernen als Spiralprozess (nach Hecht 2002, 14)

Damit nimmt Hecht die alte Idee des hermeneutischen Zirkels, der für die forschende Annäherung an einen Gegenstand steht, für das Lernen insgesamt auf. Das je eigene Interesse zu finden und zu bewahren, ist demnach der eigentlich zu unterstützende Prozess einer inklusiven Pädagogik. Vom Lernenden gewählte Lernbegleiterinnen und -begleiter bieten durch Präsenz einen kontinuierlichen Dialog über die eigenen – meist in Lernkollektive eingebundene – Aneignungswege des Lernens. Sie sind vor allem in den Bereichen des Zweifelns und des Nichtwissens wichtig, in den anderen könnten sie störend wirken und sollten sich eher zurückhalten.

Expansives Lernen

Die kritische Analyse bisher dominierender „Spielregeln" teilt der Kritische Psychologe Klaus Holzkamp, der die Entstehung von „Lernbehinderungen" direkt mit der Art des „Lehrens" (1991) in Zusammenhang bringt. Standards, vorgegebene Curricula und Vergleichsarbeiten führen u. a. zu der Gefahr, dass so auch wohlmeinende Formen individueller Förderung zu kompensatorischer Nachhilfe gerinnen. Bleibt es bei einer chronischen Fehlforderung von zwar gut unterrichteten Personen, die aber dennoch oder gerade deshalb wenig lernen, indem unabhängig von ihren eigenen Interessen und Fragen und unverknüpft mit ihren Fähigkeiten Anforderungen formuliert werden, wird dieses bei vielen beteiligten Individuen Langeweile, Frustration, Ängste und Stress erzeugen. Dies hängt wesentlich von zwei Faktoren ab: zum einen davon, wie aktiv oder passiv, und zum anderen, wie vorgegeben oder selbst gewählt gelernt werden kann (vgl. BOBAN/HINZ 2012 und Abb. 4).

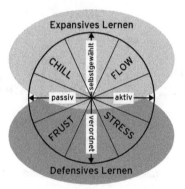

Abb. 4: Lernbedingungen und ihre tendenziellen Folgen (BOBAN/HINZ 2012, 67)

Zu konstatieren sind demnach folgende dominierende Tendenzen, die in der Realität immer auch Anteile des je anderen enthalten: Besteht Aktivität vorwiegend aus dem Erfüllen verordneter Aufgaben, entsteht bei vielen Lernenden Stress, dominiert hingegen passives Stillsitzen und Zuhören, entsteht vielfach Frust. Häufig kommt es zu beidem bei verschiedenen Lernenden gleichzeitig, weil Lehrende in einem im Wesentlichen durch sie gesteuerten Unterricht in die schwierige Motor-Brems-Dynamik geraten, bei der sie einige anschieben und andere verlangsamen zu müssen meinen. Der hohe Grad an Stress für die Lehrenden entsteht letztlich dadurch, dass sie alle Lernende in einem Modus „defensiv begründeten Lernens" (HOLZKAMP 1992, 9) halten müssen, der von curricularer und persönlicher Fremdbestimmung geprägt ist.

Der heimliche Lehrplan lehrt alle, dass – wie beim linearen Lernen mit Hecht – ihre Fragen und Interessen, aber auch ihre individuellen Fähigkeiten und Stärken nicht zum Tragen kommen, sondern es vielmehr darauf ankommt, die Lehrenden mit ihren Aufgabenstellungen zufriedenzustellen. Wie Holzkamp (ebd.) schreibt, zielt dieses außengesteuerte und sachentbundene Lernen lediglich auf die Abwehr von möglichen Bestrafungen; zuförderst geht es „um die Abrechenbarkeit des Lernerfolgs bei den jeweiligen Kontrollinstanzen" (ebd. 1995, 193). Was hierbei gelernt wird, kann fragmentarisches Sachwissen sein, vor allem aber wird gelernt, wie die je nächste Selektionshürde gemäß der ‚Standardisierungsagenda' ohne Crash zu nehmen ist. Marshall B. Rosenberg, der Nestor der Gewaltfreien Kommunikation und lebensbereichernden Pädagogik, fasst diese gewaltvolle, zur Defensivität zwingende Grundsituation drastisch zusammen: „In den regulären Schulen, in denen ich oft arbeite, sind Lehrer wie Milchflaschen und die Schüler wie leere Gläser, die in einer Reihe aufgestellt sind. Unterrichten ist: die Milch in die Gläser gießen. Wenn die Prüfung kommt, dann schütten die Gläser die Milch wieder in die Milchflasche, und am Ende haben wir 30 leere Gläser und eine Milchflasche voll mit ausgekotzter Milch" (2004, 122). Den Lernenden ist das Verweilen in der Flasche anzusehen, da ihre Körper mit der Ausschüttung von Cortisol (bei Frust) und Adrenalin (bei Stress) reagieren – bei den Lehrenden nicht minder –, und das hohe Burn-out-Risiko und andere zum vorzeitigen Berufsausstieg führende psychosomatische Phänomene bei Pädagoginnen und Pädagogen werfen ein neues Licht auf den Begriff „Leergut".

Bei selbstbestimmtem Lernen kommt es mit Chance dagegen zu einem Fließen von Serotonin (im Flow-Modus), Endorphin und Oxytocin (beim gemeinsamen Tun oder „Chillen" mit anderen). So wird schnell ersichtlich, welcher Bereich Potenziale der Kränkung hat und welcher zur Gesundheit beitragen kann. Gelingt bei großem Aktivitätsgrad im „Flow-Kanal" (BUROW 2011, 64) ein intensives Eintauchen in die Auseinandersetzung mit einer Sache, fühlen sich Tauchende erfrischt und tauchen sichtlich inspiriert und froh erschöpft wieder auf. Was sie danach zum Runterkommen, zur Erholung und vor allem zur Verarbeitung des gerade erschöpfend Geschöpften brauchen, ist geringe Aktivität: Räume zum „Chill". Solch entspanntes, entspannendes Abhängen, währenddessen nach Aussagen der Hirnforschung hinreichend belegt Erarbeitetes weiter verarbeitet werden kann – und beides ist für das Lernen im wahrsten Sinne des Wortes „Not wendig" –, wird bislang in Bildungseinrichtungen wenig wertgeschätzt. Positiv bewertet wird vielmehr relativ aktives Reagieren auf einzelne Signale.

Inklusive Pädagogik eröffnet Möglichkeitsräume „expansiv begründeten Lernens" (HOLZKAMP 1995, 191), in denen es um das Lernen um der „mit dem Eindringen in den Gegenstand erreichbaren Erweiterung der Verfügung/Lebensqualität willen" geht (ebd.). In solchen Möglichkeitsräumen, wenn alle Lernenden an selbst gewählten Themen mit einer selbst definierten Balance von Passiv- und Aktiv-Sein lernen, stellt sich die Notwendigkeit nicht mehr, dass Einzelne innerhalb eines kollektiven Rahmens besonders – geschweige denn gesondert – gefördert werden müssten (vgl. BOBAN & HINZ 2012). Was alle stattdessen bei ihren individuellen Vorhaben brauchen, ist Lernbegleitung durch aufmerksame und (be-)stärkende Erwachsene, und dies in individuell unterschiedlichem Ausmaß und zu verschiedenen Zeitpunkten ihrer Lernprozesse. Dazu gehört dann eine Fragehaltung, die eher das „Was tust du gern?" fokussiert als das „Was kannst du gut?" – und schon gar nicht das „Was kannst du alles noch nicht und wobei ist Förderung angesagt?" Für die Rolle als Lernbegleiterin oder Lernbegleiter im Feld inklusiver Pädagogik stellt sich dann nicht mehr das Dilemma der Motor-Brems-Dynamik, sie lässt sich eher als zeitweilig eingeladene Beifahrer, vielleicht als lernbezogene Stauberater und als pädagogische Tankwarte beschreiben (vgl. ebd.). Rosenberg fasst die Rolle lebensbereichernder Pädagoginnen und Pädagogen im Bild des Reiseveranstalters: Sie „bieten dir verschiedene Reiseziele an, sie können dir auch etwas empfehlen oder dich beraten, aber sie sagen dir nicht, wo du hinfahren sollst. Reiseveranstalter erwarten von ihren Kunden weder, dass sie alle zusammen fahren, noch, dass sie alle an den gleichen Ort fahren. Und: Reiseveranstalter vermitteln die Reise und kümmern sich um das Organisatorische, aber sie fahren nicht mit" (2004, 120f.).

Erst mit Möglichkeitsräumen für expansives Lernen entstehen Chancen dafür, dass Lernende sich als aktive, selbstwirksame Individuen innerhalb einer kreativen Gruppe erleben können. „Flow-Qualität" des Arbeitens – und vermutlich auch der „Chill-Modus" des Verarbeitens – bedarf der Inspiration des gemeinsamen Denkens und einer dialogischen Qualität von Beziehung. Alles was an Tun innerhalb des defensiv herausfordernden Kontexts sichtbar wird, bezeichnet Holzkamp als „Verhalten" – erst im Kontext expansiven Lernens wird eigenes Handeln ermöglicht, nur hier wird aus sich heraus begründete Handlung erkennbar.

Zwischenfazit

Dieser Text ist nicht dafür gedacht, dass die Herausforderungen inklusiver Pädagogik noch schwerer auf den Schultern von Lehrkräften lasten. Gleichwohl erscheint es wichtig, die Grundsätzlichkeit zu verdeutlichen, die mit inklusiven Vorstellungen verbunden ist. Die Gedanken des pluralistischen und expansiven Lernens, die sich auch sinnvoll mit Ansätzen des offenen Lernens verbinden lassen, zeigen eine Perspektive auf, in die sich Unterricht weiterentwickeln kann – und nach der Erinnerung an die allgemeinen Menschenrechte in der Behindertenrechtskonvention, die ja keine Spezialrechte für bestimmte Menschen beschreibt, sondern nur herausstellt, dass die allgemeinen auch für sie gelten, auch weiterentwickeln muss. Das macht vermutlich Druck – und das in einer Zeit, in der viele Anforderungen in andere Richtungen, etwa die der Output-Orientierung, der Vergleichsarbeiten und des Zentralabiturs, schieben. So werden die grundlegenden pädagogischen Widersprüche und Spannungsmomente weiter verschärft.

Deshalb ist es wichtig, sich gleichzeitig klar zu machen, dass Inklusion ein kontinuierlicher Prozess ist, der bestehende und vielleicht erst jetzt wahrgenommene Barrieren immer weiter abzubauen versucht. Hierbei kann der Index für Inklusion (vgl. BOBAN/HINZ 2003) produktiv für eine Schule sein, da er die grundsätzliche Orientierung inklusiver Pädagogik mit pragmatischen Entwicklungsschritten verbinden hilft, ohne dass sie sich selbst komplett überfordert. Vielmehr zielt er auf einen Dialog mit allen intern Beteiligten und den externen Kooperationspartnern, in dem die vielen vorhandenen und mitunter wenig wahrgenommenen Perspektiven fruchtbar zusammen gebracht und schulprogrammatisch gefasst werden. Mittlerweile gibt eine Vielzahl von Beispielen, wie dies sinnvoll geschehen kann (vgl. BOBAN/HINZ 2011, HINZ u. a. 2013).

In der Literatur findet sich bisher wenig an Ansätzen, wie inklusiver Unterricht auf bestimmte Lernfelder – seien es tradierte Fächer oder fachübergreifende Bereiche – bezogen werden kann. Auch hier macht der Index für Inklusion Vorschläge (vgl. BOBAN/HINZ 2014) – und konkrete Strategien und Möglichkeiten zu entwickeln und bekannt zu machen, ist ein wichtiger Schritt auf dem Weg zu einem inklusiveren Schulwesen.

Literatur

ALUR, MITHU (2005): Strengthening the Community from Within: A Whole Community Approach to Inclusive Education in Early Childhood. In: ALUR, MITHU/BACH, MICHAEL (Eds.) (2005): Inclusive Education. From Rhetoric to Reality. The North South Dialogue II. New Dehli: Viva Books, 129-146

BOBAN, INES/HINZ, ANDREAS (Hrsg.) (2003): Index für Inklusion. Lernen und Teilhabe in Schulen der Vielfalt entwickeln. Halle (Saale): Martin-Luther-Universität

BOBAN, INES/HINZ, ANDREAS (2011): „Index für Inklusion" – ein breites Feld von Möglichkeiten zur Umsetzung der UN-Konvention. In: FLIEGER, PETRA/SCHÖNWIESE, VOLKER (Hrsg.): Menschenrechte – Integration – Inklusion. Aktuelle Perspektiven aus der Forschung. Bad Heilbrunn: Klinkhardt, 169-175

BOBAN, INES/HINZ, ANDREAS (2012): Individuelle Förderung in der Grundschule? – Spannungsfelder und Perspektiven im Kontext inklusiver Pädagogik und demokratischer Bildung. In: SOLZBACHER, CLAUDIA/MÜLLER-USING, SUSANNE/DOLL, INGA (Hrsg.): Ressourcen stärken! Individuelle Förderung als Herausforderung für die Grundschule. Köln: Wolters Kluwer, 64-78

BOBAN, INES/HINZ, ANDREAS (2014): Index für Inklusion. Praxishandbuch für Spiel, Lernen und Partizipation im Bildungskontext (in Vorbereitung)

BOBAN, INES/HINZ, ANDREAS/PLATE, ELISABETH/TIEDEKEN, PETER (2014): Inklusion in Worte fassen – eine Sprache ohne Kategorisierungen? In: BERNHARDT, NORA/HAUSER, MANDY/ POPPE, FREDERIK/SCHUPPENER, SASKIA (Hrsg.): Inklusion und Chancengleichheit. Diversity im Spiegel von Bildung und Didaktik. Bad Heilbrunn: Klinkhardt 2014 (in Vorbereitung)

BOOTH, TONY (2008): Ein internationaler Blick auf inklusive Bildung: Werte für alle? In: HINZ, ANDREAS/KÖRNER, INGRID/NIEHOFF, ULRICH (Hrsg.): Von der Integration zur Inklusion. Grundlagen – Perspektiven – Praxis. Marburg: Lebenshilfe, 53-73

BOOTH, TONY/AINSCOW, MEL (Eds.) ([2]2002): Index for Inclusion. Developing Learning and Participation in Schools. Bristol: CSIE (auch online unter: http://www.eenet.org.uk/resources/docs/Index%20English.pdf)

BUROW, OLAF-AXEL (2011): Positive Pädagogik. Sieben Wege zu Lernfreude und Schulglück. Weinheim/Basel: Beltz

GOMOLLA, MECHTHILD/RADTKE, FRANK-OLAF ([3]2009): Institutionelle Diskriminierung. Die Herstellung ethnischer Differenz in der Schule. Wiesbaden: VS

HAEBERLIN, URS (2007): Aufbruch vom Schein zum Sein. VHN 76, 253-255

HECHT, YAACOV (2002): Pluralistic Learning as the Core of Democratic Education. The Institute for Democratic Education. Tel Aviv

HECHT, YAACOV (2010): Democratic Education. A Beginning of a Story. Tel Aviv: Innovation Culture

HINZ, ANDREAS (1993): Heterogenität in der Schule. Integration – Interkulturelle Erziehung – Koedukation. Hamburg: Curio (auch online unter: http://bidok.uibk.ac.at/library/hinz-heterogenitaet_schule.html)

HINZ, ANDREAS (1996): Inclusive Education in Germany: The Example of Hamburg. The European Electronic Journal on Inclusive Education in Europe, 1, 1996

HINZ, ANDREAS (2000): Niemand darf in seiner Entwicklung behindert werden – von der integrativen zur inklusiven Pädagogik? In: KUNZE, LUTZ/SASSMANNSHAUSEN, UWE (Hrsg.): Gemeinsam weiter … 15 Jahre Integrative Schule Frankfurt. Frankfurt: Selbstverlag, 69-82

HINZ, ANDREAS (2002): Von der Integration zur Inklusion – terminologisches Spiel oder konzeptionelle Weiterentwicklung? Zeitschrift für Heilpädagogik 53, 354-361

HINZ, ANDREAS (2004): Vom sonderpädagogischen Verständnis der Integration zum integrationspädagogischen Verständnis der Inklusion!? In: SCHNELL, IRMTRAUD/SANDER, ALFRED (Hrsg.): Inklusive Pädagogik. Bad Heilbrunn: Klinkhardt, 41-74

HINZ, ANDREAS (2006): Integrativer Unterricht. In: WÜLLENWEBER, ERNST/THEUNISSEN, GEORG/MÜHL, HEINZ (Hrsg.): Handbuch Pädagogik bei geistiger Behinderung. Stuttgart: Kohlhammer, 341-349

HINZ, ANDREAS (2008): Inklusion – historische Entwicklungslinien und internationale Kontexte. In: HINZ, ANDREAS/KÖRNER, INGRID/NIEHOFF, ULRICH (Hrsg.): Von der Integration zur Inklusion. Grundlagen – Perspektiven – Praxis. Marburg: Lebenshilfe, 33-52

HINZ, ANDREAS (2013): Inklusion – von der Unkenntnis zur Unkenntlichkeit?! Kritische Anmerkungen zu zehn Jahren Diskurs zur schulischen Inklusion. Inklusion Online – Zeitschrift für Inklusion. H. 1, 2013. Online unter: http://www.inklusion-online.net/index.php/inklusion/article/view/201/182

HINZ, ANDREAS/BOBAN, INES/GILLE, NICOLA/KIRZEDER, ANDREA/LAUFER, KATRIN/TRESCHER, EDITH (2013): Entwicklung der Ganztagsschule auf der Basis des Index für Inklusion. Bericht zur Umsetzung des Investitionsprogramms „Zukunft Bildung und Betreuung" im Land Sachsen-Anhalt. Bad Heilbrunn: Klinkhardt

HINZ, ANDREAS/GEILING, UTE/SIMON, TONI (2014): Response-To-Intervention – (k)ein inklusiver Ansatz? In: BERNHARDT, NORA/HAUSER, MANDY/POPPE, FREDERIK/SCHUPPENER, SASKIA (Hrsg.): Inklusion und Chancengleichheit. Diversity im Spiegel von Bildung und Didaktik. Bad Heilbrunn: Klinkhardt (in Vorbereitung)

HOLZKAMP, KLAUS (1991): Lehren als Lernbehinderung? Forum Kritische Psychologie 27, 5- 22

HOLZKAMP, KLAUS (1992): Die Fiktion administrativer Planbarkeit schulischer Lernprozesse. Online unter: http://www2.ibw.uni-heidelberg.de/~gerstner/holzkampLernfiktion.pdf

HOLZKAMP, KLAUS (1995): Lernen. Subjektwissenschaftliche Grundlegung. Frankfurt/Main: Campus

LAZARUS, S./DANIELS, B./ENGELBRECHT, LEVI ([6]1999): The inclusive school. In: ENGELBRECHT, PETRA/GREEN, LENA/NAICKER, SIGAMONEY/ENGELBRECHT, LEVI (Eds.): Inclusive Education in action in South Africa. Pretoria: Van Schaik, 45-68

NAICKER, SIGAMONEY ([6]1999): Inclusive Education in South Africa. In: ENGELBRECHT, PETRA/GREEN, LENA/NAICKER, SIGAMONEY/ENGELBRECHT, LEVI (Eds.): Inclusive Education in action in South Africa. Pretoria: Van Schaik, 12-23

PRENGEL, ANNEDORE (1993): Pädagogik der Vielfalt. Verschiedenheit und Gleichberechtigung in interkultureller, feministischer und integrativer Pädagogik. Opladen: Leske+Budrich

REISER, HELMUT (1991): Wege und Irrwege zur Integration. In: SANDER, ALFRED/RAIDT, PETER (Hrsg.): Integration und Sonderpädagogik. St. Ingbert: Röhrig, 13-33

ROSENBERG, MARSHALL B. (2004): Erziehung, die das Leben bereichert. Gewaltfreie Kommunikation im Schulalltag. Paderborn: Junfermann

SKRTIĆ, THOMAS M. ([4]1995): The Special Education Knowledge Tradition: Crisis and Opportunity. In: MEYEN, EDWARD L./SKRTIĆ, THOMAS M. (Eds.): Special Education & Student Disability. An Introduction. Traditional, emerging and alternative perspectives. Denver, CO: Love Publishing, 609-672

2.1 Besonderheiten und Potenziale des inklusiven Musikunterrichts

Musik nimmt im Fächerkanon der allgemeinbildenden Schule in mehrfacher Hinsicht eine Sonderstellung ein. Anhand einiger ausgewählter Aspekte sollen diese Besonderheiten im Folgenden verdeutlicht und ihre Relevanz im Hinblick auf Potenziale des inklusiven Musikunterrichts erläutert werden.

Ästhetische Erfahrung und Emotionalität

Das Fach Musik zielt nicht nur auf die Vermittlung von Wissen und Können, sondern auch auf musikalisches Erleben und die damit verbundenen ästhetischen Erfahrungen (vgl. ROLLE 1999). Die ästhetischen Erfahrungen im Bereich Musik sind einzigartig und durch keine anderen Erfahrungen ersetzbar. Als „Nebenprodukte" ästhetischer Erfahrungen und der daraus resultierenden emotionalen Veränderungen werden u. a. Fantasie und Einfühlungsvermögen, Sensibilität, Urteilsfähigkeit, Kreativität und Sinnerfahrung gefördert. Da jeder Mensch unabhängig von seinen Dispositionen erlebnisfähig ist, liegen hier besondere Potenziale der Begegnung von Menschen untereinander, mit Musik und mit dem System Schule.

> Inklusiver Musikunterricht ermöglicht spezifische, unersetzbare Modi **menschlicher Selbst- und Welterfahrung** für alle Menschen, unabhängig von ihren jeweiligen Dispositionen. Er kann durch entsprechende Lernarrangements überdies wichtige Beiträge zur individuellen Förderung von Schülern auf sensomotorischer, emotionaler, sozialer und sprachlich-kognitiver Ebene leisten.

Verbindung von Privatem und Unterricht

„In keinem anderen Fach (Ausnahme: Religion) hängen Privates und Unterricht derart eng zusammen, dass Unterricht an Vorstellungen des eigenen Umgangs mit der Sache gemessen wird." (KRAEMER 2004, S. 226). Dieser Umstand eröffnet einerseits Chancen im Hinblick auf die innere Beteiligung der Schüler am Unterricht, ihr Interesse und ihre Motivation sowie die Intensität des unterrichtlichen bzw. musikalischen Erlebens, „denn Musik wird schließlich – im Gegensatz zu Mathematik – ‚geliebt'" (TERHAG 1991, S. 226).

Andererseits kann diese Besonderheit der „Lebensnähe" aber auch zu Friktionen und Unterrichtsstörungen bis hin zu schwerwiegenden Konflikten führen, etwa wenn die Erwartungshaltung der Schüler stark von den Erwartungen, Angeboten und der musikalisch-ästhetischen Einstellung der Lehrkraft abweicht. Musik ist über Prozesse musikalischer Sozialisation schon in kindlichen Entwicklungsstadien bedeutsam für die eigene Identitätsbildung, für die Bewältigung von Entwicklungsaufgaben (vgl. HAVIGHURST 1948, OERTER/MONTADA 2002) und zur Inszenierung und Abgrenzung von Geschlechtern und Rollen (vgl. WILKE 2012).

> Inklusiver Musikunterricht nimmt die **individuellen musikbezogenen Vorstellungen**, Erwartungen, Kenntnisse, Fähigkeiten und Fertigkeiten der Schüler ernst und versucht, diese als Chancen und Potenziale zu deuten und zu nutzen.

Abbild gesellschaftlicher Dynamik

Das Fach Musik wird in besonderem Maße von gesellschaftlichen Prozessen beeinflusst. So unterliegen nicht nur zahlreiche Fachinhalte – ähnlich wie im Fach Informatik – einer äußerst hohen Dynamik. Auch der gesellschaftliche Umgang mit Musik befindet sich in einem kontinuierlichen Wandlungsprozess. Beispiele hierfür sind das Singen und Musizieren in den Familien, die z. T. illegale und massenhafte Verbreitung von Musik über Downloads, Streaming-Dienste und Datenträger, die Entgrenzung und Durchmischung unterschiedlichster Musikkulturen, die technisch-medialen Weiterentwicklungen etc.

Die ständigen Veränderungen wirken sich auf den ästhetisch-musikalischen, medialen, sozialen, kulturellen, pädagogischen und unterrichtlichen Umgang mit Musik aus und bedürfen einer permanenten Weiterentwicklung von Kompetenzen auf Lehrer- und Schülerseite sowie von Fachinhalten, Zielen, Medien und Methoden. Auch wenn das Fach Musik zu den Nebenfächern zählt, bilden musikgeschichtliche, -theoretische, -soziologische, -ethnologische und -psychologische Inhalte eine unüberschaubare Fülle an potenziellen Themen, die unter den gegebenen Rahmenbedingungen vermittelt werden sollen (z. B. Musikgeschichte von den Anfängen der Menschheitsgeschichte bis heute, einschließlich der Pop-/Rock-/Jazzgeschichte und unterschiedlichster Musikkulturen der Welt mit ihren jeweiligen Instrumenten, musikalischen Spezifika, Personen, zeitgeschichtlichen Einflüssen, Notationsformen etc.).

Diese Reichhaltigkeit ermöglicht es, auch bildungsferne Schichten zu erreichen und diese bei ihren jeweiligen Kulturerfahrungen abzuholen.

> Inklusiver Musikunterricht findet in ständigem Wechselspiel mit **gesellschaftlichen Wandlungsprozessen** statt und trägt auf der Basis breit gefächerter, aktualitätsbezogener Kenntnisse und Kompetenzen den unterschiedlichsten Bedürfnissen der Schüler Rechnung. Er trägt zur Verwirklichung gesellschaftlicher Inklusion bei, indem er Schülern musikalische Teilhabe ermöglicht und ihnen somit die Vielfalt des Kulturlebens unserer Gesellschaft eröffnet.

Heterogenität anthropogener Vorerfahrungen

Unterschiedliche Vorerfahrungen, Interessen, Kenntnisse und Fähigkeiten kommen in jedem Schulfach zum Tragen. Im Fach Musik wirken sich die anthropogenen Voraussetzungen jedoch in besonderer Weise aus, da „Jugend musiziert"-Teilnehmer auf Nicht-Musizierende treffen, Klassik-Hörer und Volksmusikanten auf Hip-Hopper und Heavy-Metal-Fans mit entsprechender Kleidung und spezifischen Verhaltens-/Sprachcodes, türkischstämmige auf russischstämmige Schüler mit ihren jeweiligen Musikkulturen etc. Dabei kommen die Facetten der Heterogenität bei den verschiedenen Umgangsweisen mit Musik unmittelbar zum Tragen.

> Inklusiver Musikunterricht versteht die Heterogenität anthropogener Voraussetzungen als **Potenzial** und nutzt die Vielfalt musikalischer Vorerfahrungen konstruktiv. Er kann somit zur Verwirklichung schulischer Inklusion beitragen, indem Schüler ihre spezifischen musikalischen Vorerfahrungen in ein vielfältiges schulisches Musikleben einbringen.

Die aus der UN-Konvention über die Rechte von Menschen mit Behinderungen aus dem Jahr 2006 und aus ihrer Ratifizierung in Deutschland 2009 resultierende Forderung „Eine Schule für alle" bedeutet konsequenterweise auch „Ein Musikunterricht für alle". Im Sinne inklusiven Denkens und der damit verbundenen Wertschätzung von Heterogenität wird darunter ein Musikunterricht verstanden, der die Verschiedenartigkeit der Schüler als wertvolle und bereichernde Potenziale und Chancen begreift.

2.2 Musikpädagogische Überlegungen zum Umgang mit Inklusion

Inklusives Denken und Handeln muss sich an den Bedürfnissen Einzelner ausrichten, was auf verschiedenen Ebenen Änderungen zur Folge hat. Diese betreffen sowohl den gesellschaftlichen Umgang mit Diversität als auch den schulischen, im Speziellen den musikpädagogischen Umgang, um die Barrieren in Bildung und Erziehung für alle Schüler auf ein Minimum zu reduzieren.

Als Systematisierungshilfe für die nachfolgenden musikpädagogischen Überlegungen wird der sogenannte *Index für Inklusion* (vgl. VAUGHAN 2003) zugrunde gelegt. Die folgende Abbildung zeigt, welche Veränderungen im Hinblick auf eine inklusive Schulentwicklung in den drei großen Bereichen „Kulturen", „Strukturen" und „Praktiken" nötig sind. Diese Bereiche werden im Folgenden fachspezifisch für das Fach Musik konkretisiert.

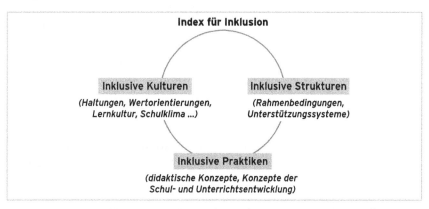

Dimensionen der inklusiven Schulentwicklung (Grafik: Daniel Eberhard)

Kulturen

Der Bereich „Kulturen" zielt auf die Etablierung und Vermittlung von inklusiven Werten innerhalb der Schulfamilie; gemeinschaftlich sollen förderliche Lernbedingungen sowie ein positives, wertschätzendes Schulklima geschaffen und bewahrt werden. Die Ebene „Kulturen" bildet den Grundstock und die Leitlinie für die darauf aufbauenden Strukturen und Praktiken.

Für das Fach Musik bedeutet dies u.a. die verstärkte Etablierung von musikalisch und sozial förderlichen Lernbedingungen: Offenheit und Toleranz sowie das Vermitteln von Sicherheit bauen Ängste, Peinlichkeit und Scham ab und fördern gegenseitige Akzeptanz und Wertschätzung, auch für alles „Fremde". Zudem lässt sich eine Verbesserung der „Kulturen" durch die allgemeine Wertschätzung des Faches innerhalb der Schule und der Schulfamilie erreichen. Dies kann dadurch geschehen, dass die kulturübergreifende Bedeutung von Musik auch in anderen Fächern stärker zum Tragen kommt, z. B. indem Musik als didaktisches „Transportmittel" für „Deutsch als Fremdsprache" genutzt wird.

Strukturen

Auf der Basis der konsequent auf Inklusion ausgerichteten „Kulturen" als verbindlichem Bezugsrahmen müssen entsprechende „Strukturen" entwickelt werden, welche die notwendigen Rahmenbedingungen und Unterstützungssysteme gewährleisten. Hierzu gehören im System Schule alle räumlichen, zeitlichen, inhaltlichen, sozialen und individuell-förderlichen Anpassungen an die Vielfalt der Schüler. Die Offenheit von Lehrplänen, die Flexibilität von Stundentafeln, eine vielfältige und flexibel nutzbare Ausstattung, zeitliche Freiräume und musikalische Angebote, die auf unterschiedliche Voraussetzungen wie Migration oder Behinderung ausgerichtet sind, stellen Beispiele für fachspezifisch sinnvolle Strukturveränderungen dar.

Praktiken

Die inklusive Unterrichtspraxis entspricht der Vielfalt der Schüler und nimmt die Stärken, Potenziale und Erfahrungen als Ausgangspunkt für die individuellen Bildungs- und Erziehungsprozesse. Gemeinsam mit den Schülern, Eltern und Kollegen werden die Ressourcen der Einzelnen erörtert sowie weitere Ressourcen ausgelotet, z. B. durch schulische, örtliche oder unterrichtliche Maßnahmen, um ein aktives Lernen und eine gleichberechtigte Teilhabe für alle zu fördern. Im Fach Musik kann dies Folgendes sein:

- das Nutzen individueller, musikalischer Erfahrungen, Kenntnisse, Fähigkeiten und Ausdrucksmöglichkeiten der Schüler,
- die Einbeziehung lokaler Musikangebote außerhalb der Schule,
- die Einrichtung spezieller musikalischer Angebote,
- musikalisches Improvisieren und Experimentieren,
- der Bau bzw. die Anschaffung individuell angepasster Musikinstrumente und Medien,
- individualisiertes Lernmaterial etc.

2.3 Didaktisch-methodische Prinzipien inklusiven Musikunterrichts

Die didaktisch-methodischen Prinzipien eines „Musikunterrichts für alle" berücksichtigen unterschiedliche Szenarien von Diversität und haben die barrierefreie Teilhabe an (musikalischer) Bildung und Erziehung zum Ziel.

Individualisiertes Lernen

Um eine gleichberechtigte Teilhabe aller am Musikunterricht zu gewährleisten, bedarf es individualisierter Anpassungen des Unterrichts, z. B. im Hinblick auf Inhalte, Ziele, Methoden, Ausstattung, Aufgabenstellungen, Spiel- und Unterrichtshilfen, alternative Notationsformen etc.

Ebenso müssen bei allen Grundsätzen der Vergleichbarkeit und Fairness individuell aussagekräftige Leistungsanforderungen, Prüfungsformen und Feedbackverfahren entwickelt werden. Die anthropogenen Voraussetzungen stellen im Musikunterricht einen eigenen, fachspezifischen Diversitätsaspekt dar, da sich die unterschiedlichen musikalischen Vorerfahrungen unmittelbar auf das Unterrichtsgeschehen auswirken (können). So muss individualisiertes Lernen im Musikunterricht als ein übergeordnetes Prinzip verstanden werden, welches nicht erst seit der UN-Konvention relevant ist, sondern zentraler Leitgedanke für einen „guten" Musikunterricht sein sollte.

Kooperatives Lernen

Inklusion zielt u. a. auf die Veränderung der Gesellschaft im Umgang mit Diversität. Dazu trägt zwar jegliche Änderung des Einzelnen als Teil der Gesellschaft bei, dennoch soll im Sinne einer inklusiven Schule nicht nur die Verhaltensänderung des Individuums erreicht werden, sondern diejenige einer Gruppe bis hin zur Gesamtgesellschaft. Dazu tragen kooperative Lernformen bei, die das Lernen mit-, von- und füreinander betonen.

Die Interaktionsbezogenheit des Musikmachens in der Gruppe eröffnet Möglichkeiten, über das musikalische Erleben hinaus soziales/kooperatives Lernen zu fördern. Dabei können Aspekte der Diversität als bereichernd erfahren werden, etwa wenn musikalisch erfahrene Schüler solchen mit weniger Erfahrung helfen, wenn Schüler mit und ohne körperliche Behinderung miteinander kommunizieren und musizieren, wenn sich Schüler unterschiedlichen Alters, unterschiedlichen Geschlechts und unterschiedlicher kultureller und religiöser Herkunft austauschen und miteinander agieren. Bei entsprechend gestalteter Praxis (vgl. SPYCHIGER 1993, S. 360–368) lassen sich über kooperative Lernformen nicht nur musikalische Erlebnisse erzielen, sondern auch Transfereffekte erreichen wie z.B. die Förderung von Kommunikation, Rücksichtnahme, Einfühlungsvermögen, Sensibilität, Toleranz etc.

Interkulturelles Lernen

Der Musikunterricht unterliegt in besonders starkem Maße den komplexen gesellschaftlichen Wandlungsprozessen im Hinblick auf den Umgang mit traditionellen und aktuellen Kulturen. Zur Beschreibung und Strukturierung dieser Prozesse hat die Wissenschaft verschiedene Begriffe wie „Globalisierung", „Entgrenzung", „Enttraditionalisierung" oder „Hybridisierung" geprägt. Mit ihnen werden jeweils spezifische Vorgänge fokussiert, die in musikalischer Hinsicht folgenreich sind.

Im Musikunterricht kulminieren nicht nur verschiedene musikalische Kulturen, sondern diese sind ihrerseits permanenter Dynamik unterworfen. Unter dem Überbegriff „Weltmusik" etwa firmieren unterschiedlichste Ausprägungen interkultureller Hybride zwischen traditionell-folkloristischer und aktueller Populärer Musik und Jazz (z.B. volkstümliche Musik, Alpenrock, Rai, türkische Popmusik, bayerische und kubanische Musik, Jazz mit arabischen Einflüssen etc.). Interkulturelles musikalisches Lernen greift diese Vielfalt musikalischer Erscheinungsformen, Kulturen und Traditionen auf. Es macht den Schülern ihre musikalisch-kulturelle Herkunft bewusst, führt über die aktive Auseinandersetzung zur Begegnung innerhalb der Schülerschaft und Schulfamilie, baut dialogisch Vorurteile ab und wirkt Ausgrenzung entgegen.

Handlungsorientiertes Lernen

Die Forderung nach handlungsorientiertem Lernen im Musikunterricht ist nicht neu. Eine einschlägige musikdidaktische Konzeption wurde bereits Mitte der 1970er-Jahre vorgestellt (vgl. RAUHE/REINECKE/RIBKE 1975). Die „Handlungsorientierung" zählt neben der „Schülerorientierung" und der „Sachorientierung" zu den konstitutiven Unterrichtsprinzipien (vgl. WIATER 2005, S. 7–13) und wurde zum Grundsatz heutiger Unterrichtsgestaltung, nicht nur im Musikunterricht. Dort kann man mit Musik auf vielfältige Weise aktiv-handelnd und interaktiv umgehen.

Für jede Niveaustufe lassen sich Handlungsvollzüge identifizieren, um prozesshaft die gesteckten Ziele zu erreichen. Bei entsprechender Praxis spielen Notenkenntnis, instrumentale Fertigkeiten oder musikalische Vorerfahrungen eine geringe Rolle bzw. stellen diese keine unabdingbaren Voraussetzungen dar. Innerhalb kreativ-improvisatorischer Prozesse kann jeder Schüler mitgestalten, unabhängig von seiner geistigen, emotionalen und körperlichen Disposition: Es entsteht ein gemeinsames Musizieren. Auch wenn es um notierte Musik geht, ist ein handelnder Mitvollzug für alle möglich, z. B. durch die Vereinfachung oder die Steigerung der Komplexität von Instrumentalstimmen, durch Spielhilfen, durch den Einsatz von Musikelektronik etc.

Kreatives Lernen

Die Dynamisierung und Flexibilisierung der Lebenswelten erfordert eine entsprechend vielfältige Gestaltung von Lernwelten und -kulturen. Im Sinne einer „Lern- und Bildungspolyphonie" wird versucht, die individuellen Voraussetzungen zu berücksichtigen und der Vielfalt an Interessen, Vorerfahrungen, Kenntnissen und Fähigkeiten auf Schülerseite mit einer entsprechend anregend, flexibel und offen gestalteten Lernumgebung gerecht zu werden.

In ihr lassen sich kreative Lösungen für unterschiedliche Formen von Diversität finden, sodass jeder Einzelne gleichberechtigt am Unterrichtsgeschehen partizipieren kann. Dazu gehört im Fach Musik eine flexibel nutzbare Raumstruktur, ein reichhaltiges Instrumentarium, eine ästhetisch ansprechende Gestaltung des Raumes und der Lernmaterialien, vielfältige und mehrkanalige Lernzugänge etc. Als förderlich für kreatives Lernen erweisen sich

- ausreichende Handlungs- und Spielräume,
- Lernen ohne Angst vor Misserfolg, Peinlichkeit und Scham,
- Vermeidung autoritären Verhaltens und verfrühter Kritik,
- Aktivierung von Fantasie und Experimentierverhalten,
- Ermutigung zu unkonventionellem Verhalten und zur Synthese von scheinbar nicht Zusammengehörigem,
- Unterricht, der Entdeckungen fördert,
- Unterricht in entspannter Atmosphäre etc.

Kreative Lösungen für spezifische Herausforderungen inklusiven Musikunterrichts werden in Zukunft in verstärktem Maße von allen Beteiligten und Verantwortlichen zu finden sein. Inklusiver Musikunterricht kann zu einer Betonung der musikalischen Umgangsweise „Produktion" („Musik erfinden") mit positiven Effekten auf das Musikerleben und -verständnis sowie hinsichtlich des gemeinsamen Musizierens in der (heterogenen) Lerngruppe führen.

Lehrerrolle

Die Rolle des Musiklehrers in inklusiven Kontexten besteht v.a. in der eines „Ermöglichers", Unterstützers und Begleiters von Lernprozessen. Diese Forderung an die Musiklehrerrolle ist nicht grundlegend neu, erfährt aber eine deutliche Neubetonung durch die vorwiegend individualisierte Orientierung an den Schülern sowie an ihren Lernvoraussetzungen und -prozessen. Die Aufgaben schließen nicht nur die Unterrichtsplanung und -gestaltung, sondern auch die vorbereitete Lernumgebung mit ein.

Je nach Einzelfallsituation ist für einen inklusiven Unterricht der Einsatz eines Sonder-/Sozialpädagogen neben der Fachlehrkraft vonnöten. Als gleichwertiger Partner der Lehrkraft begleitet und fördert er zieldifferente oder zielgleiche Lernprozesse auf Seiten der Schüler und unterstützt Maßnahmen der Binnendifferenzierung, der pädagogischen Begleitung oder der musikalischen Förderung. Dafür braucht er über die sonderpädagogische Qualifikation hinaus auch musikalische sowie musikpädagogische Kenntnisse.

In ständiger Kooperation und Abstimmung wirken Lehrkraft und Sonderpädagoge im Rahmen der Diagnostik, Planung, Durchführung und Evaluation des Unterrichts zusammen, um individualisierte Förderpläne zu entwickeln, spezifische Fragen hinsichtlich einzelner Schüler und der gesamten Klasse zu klären, kurz-, mittel- und langfristige konzeptionelle Orientierungen, Ziele, Inhalte, Methoden, Anschaffungen, Unterstützungssysteme zu besprechen etc.

Die Arbeit im Team kann sich bereichernd und entlastend für den Fachlehrer auswirken, gleichzeitig erfordert sie aber Offenheit, Kommunikations- und Teamfähigkeit, Flexibilität und Kompromissbereitschaft auf Seiten der Beteiligten sowie einen höheren Zeitaufwand für Absprachen, Teamsitzungen etc.

Lehrwerke und Arbeitsmaterialien

Lehrwerke und Unterrichtsmaterialien müssen in inklusiven Kontexten gezielt gestaltet werden, vor allem für Schüler mit den Förderschwerpunkten *Sehen*, *Lernen* und *Verhalten*. Sehbeeinträchtigte Schüler brauchen entsprechend formatierte Texte und vergrößerte Abbildungen, Tabellen, Grafiken etc. (siehe Kapitel 3.8). Der Förderschwerpunkt *Lernen* erfordert etwa die Reduktion der Textmenge, die leicht verständliche und anschauliche Darstellung komplexer Zusammenhänge und ein angemessenes, verständliches Sprachniveau.

In Bezug auf den Förderschwerpunkt *Verhalten* ist z. B. auf die Vermeidung von Reizüberflutung zu achten. Eine klare Struktur, zurückhaltende Darstellungsweisen mit ausgewählten Bildern, Symbolen, kurzen Texten, grafischen Elementen etc. helfen den Schülern bei der Fokussierung wesentlicher Inhalte. Neben allgemeinen Anforderungen an Lehr- und Arbeitsmaterialien wie Verständlichkeit, Anschaulichkeit, Motivierung, Aktualitäts- und Lebensweltbezug, Förderung unterschiedlicher Kompetenzen, Logik und Gründlichkeit der Ausarbeitungen und Aufgabenstellungen sowie vielfältigen Zugangsformen kommt folgenden Aspekten hinsichtlich der Auswahl von Lehrwerken und Arbeitsmaterialien für einen inklusiven Musikunterricht besondere Bedeutung zu:

- differenzierte und individualisierte Zugangsmöglichkeiten (z. B. in Bezug auf Lerntypen, Niveaustufen, Lernvoraussetzungen und Interessen),
- Möglichkeiten zu selbstständiger Erschließung und Aktivierung selbstgesteuerter Lernprozesse,
- Anreize zu spielerischen, kreativen und produktiven Aktivitätsformen,
- direkte Bezugnahme auf besondere Diversitätsaspekte in Texten, Abbildungen und Aufgabenstellungen (z. B. Migration, Geschlecht, Behinderung, Alter),
- angepasstes Zusatzmaterial in Form von alternativen Arbeitsblättern, Online-Materialien, Audio- und Videobeispielen, Software etc.

Fächerübergreifendes und -verbindendes Arbeiten

Während unter „fächerübergreifendes Arbeiten" vorwiegend die Realisierung der allgemeinen Bildungs- und Erziehungsaufgaben fällt, zu denen z. B. Medienkompetenz, Gesundheits- und Sexualerziehung, politische Bildung, Umwelt-, Verkehrs- oder Sicherheitserziehung gehören, wird unter „fächerverbindendem Arbeiten" die Bearbeitung eines Themas aus mehreren Fächerperspektiven verstanden (z. B. Thema „Wasser" aus Sicht der Fächer Musik, Kunst, Deutsch, Geografie).

Während sich fächerübergreifendes Lernen in allen möglichen schulischen Bereichen punktuell oder dauerhaft vollziehen kann (z. B. nur beim Wandertag oder über die gesamte Schulzeit) und direkt (z. B. über eine einschlägige Liederarbeitung) oder indirekt (z. B. über das bloße Vorbild des Lehrers) erfolgt, bezieht sich das fächerverbindende Lernen in einem begrenzten Zeitraum explizit auf einen fachspezifischen Lehrplaninhalt. Besonderer Nutzen beim fächerverbindenden Lernen entsteht auf Schülerseite durch die verschiedenen Lernzugänge und Handlungsvollzüge sowie durch die sich vernetzenden Perspektiven, Inhalte und Methoden. Im Hinblick auf inklusiven Unterricht ermöglichen diese vielfältigen Facetten eines Lerngegenstandes den meisten Schülern, einen individuellen Zugang zur jeweiligen Thematik zu finden und über Fachgrenzen hinaus Verbindungen und Vernetzungen zu erkennen.

Wahlangebote/Wahlfächer

Unter Wahlangeboten und Wahlfächern werden frei wählbare (musik-) pädagogische Maßnahmen verstanden, die zusätzlich zu den Pflichtfächern/ -stunden über einen oder mehrere Jahrgänge hinweg absolviert werden. Nach Entscheidung für ein Wahlangebot/Wahlfach sind die Schüler zum Besuch verpflichtet. Speziell für inklusive Gruppen sind z. B. Musiktheaterkurse mit Partizipationsmöglichkeiten am szenischen Spiel, an der Technik und Requisite, an der musikalischen Begleitung etc. denkbar, ebenso die Teilnahme an einer (inklusiven) Schulband, am Instrumental-/Vokalunterricht, an einer Percussion- oder Musik-Medien-AG etc.

In Wahlkursen können die Schüler interessengeleitet ihr musikalisch-kreatives Potenzial weiterentwickeln und gleichzeitig das Schulleben aktiv mitbereichern. Das Erleben eines Live-Auftritts, etwa bei einem Schulfest, bei einem Wettbewerb, einem Konzert oder einem sonstigen Event im Laufe des Schuljahres, kann für die Schüler wertvolle und einzigartige Erfahrungen ermöglichen, die ihr Selbstkonzept stärken und motivationsfördernd wirken.

Leistungsmessung und -beurteilung

Die Messung und Beurteilung von Leistungen im Fach Musik stellt die Beteiligten des Unterrichts vor große Herausforderungen, schließlich gehören zu einer umfassenden Abbildung der Schülerleistungen nicht nur Kenntnisse und Fertigkeiten, sondern auch Leistungen auf sozialen, emotionalen, ästhetischen und kreativen Ebenen, die sich der Erfassung und objektiven Bewertung teilweise entziehen.

Schulische Leistungsbewertung ist häufig auf die Vergabe von Noten reduziert und vorrangig produktorientiert. Dabei ist aus pädagogischer Sicht eine Prozessorientierung wünschenswert, die den ursprünglichen und den erreichten Lernstand berücksichtigt.

Kompetenzorientierter Unterricht richtet den Blick auf den „Output" des Unterrichts. Um Kompetenzen auf den Ebenen Wissen, Können und Haltungen/Einstellungen (motivational und volitional) beurteilen zu können, bieten sich verschiedene Verfahren an: Für die Überprüfung von Kenntnissen eignen sich mündliche und schriftliche **Tests** sowie **Verschriftlichungen/Ausarbeitungen** (z. B. Arbeitsmappe, Dokumentation, Hand-Out, Portfolio).

Für die Feststellung, Überprüfung und Beurteilung von Fertigkeiten eignet sich die Methode der **Beobachtung** bei Lern- und Übeprozessen sowie bei bestimmten Präsentationsformen, etwa beim Instrumental-, Vokalvortrag, bei Bewegung und Tanz, bei computergestützten Unterrichtsinhalten mit einem Sequenzer-, Notensatzprogramm etc.

Um Informationen über die Einstellungen und Haltungen zu gewinnen, bedarf es der Methode der **mündlichen und schriftlichen Befragung**. Meist wird im Fach Musik zur Notengewinnung zwischen mündlichen, schriftlichen und praktischen Leistungen unterschieden.

Zu den **schriftlichen Verfahren** gehören der Test, ein Portfolio, ein Essay/Aufsatz, ein Handout, ein Plakat, eine Sammelmappe, eine Hausaufgabe etc.

Mündliche Prüfungen setzen sich aus Abfragen und Präsentationen (einzeln und in der Gruppe) zusammen. Praktische Noten beruhen auf instrumentalen und vokalen Vorträgen, auf kreativen Darbietungen und Performances, Choreografien und multimedialen Präsentationen etc.

Über die Leistungsfeststellung durch den Lehrer hinaus sollten auch Schüler Kompetenzen hinsichtlich ihrer **Selbst- und Fremdeinschätzung** erwerben. Durch Führen eines Lerntagebuchs und durch die Selbst- und Fremdbeurteilung von erbrachten Leistungen können sie ihre Wahrnehmung mit der Einschätzung durch die Mitschüler und den Lehrer abgleichen und so zu einem differenzierten und realistischen Einschätzungsvermögen gelangen. Die Selbstbeobachtung ist konstitutiv für selbstbestimmtes Lernen, insofern sollte diese Fähigkeit regelmäßig im Unterricht trainiert und weiterentwickelt werden.

Transparenz hinsichtlich der Leistungserfassung und -beurteilung ist in Verbindung mit regelmäßigem Monitoring des Lernstandes ein Merkmal guten Unterrichts. Dies ist in einem inklusiven Unterricht angesichts der Heterogenität der Lernvoraussetzungen besonders wichtig. So sollen die Schüler möglichst frühzeitig über die Formen der Leistungsmessung, zielgleiche und zieldifferente Anforderungen, Niveaustufen und entsprechende Bewertungskriterien informiert bzw. (altersabhängig) bereits im Vorfeld in den Findungsprozess geeigneter Verfahren einbezogen werden und ein regelmäßiges Feedback über ihren Lernstand sowie über individuelle Entwicklungen erhalten.

Durch das Aufstellen gemeinsamer **Beurteilungskriterien,** z. B. von Schülerpräsentationen, können die Schüler selbst auf die Leistungsbeurteilung Einfluss nehmen und erfahren einen hohen Grad an Mitbestimmung und Transparenz. Die erstellten Kriterien stellen die Grundlage für die Lehrerbeurteilung und eine gegenseitige Schülerbeurteilung dar, welche auch in die Gesamtnote miteinfließen kann.

Die Kompetenzdimensionen (Wissen, Können, Wollen) können als Grundlage eines individualisierten Dokumentations- und Beurteilungsbogens auf die verschiedenen Umgangsweisen mit Musik (Hören, Machen, Erfinden, Umsetzen, Reflektieren) angewendet und ausdifferenziert werden.

Feedback

Feedbackverfahren in der Schule beziehen sich meist auf die Schüler in Form eines Monitorings des Lernstandes und Lernverlaufs sowie in Bezug auf das Schülerverhalten (z. B. in Gesprächen mit Schülern und Eltern, durch Notengebung oder Zeugnisbemerkungen). Gleichermaßen sollte sich aber auch der Lehrer regelmäßig Rückmeldungen, etwa über die Unterrichtsgestaltung, das eigene Verhalten, Erwartungen, Kritik und Wünsche der Schüler etc. einholen, um die eigenen Einschätzungen zu kontrollieren. Sowohl auf Seiten der Schüler als auch auf Lehrerseite kann sich die Notwendigkeit von Verhaltensänderungen ergeben. Dazu müssen beiden Seiten bereit sein.

Ein konstruktives Feedback setzt eine positive Grundhaltung (aufbauend, kommunikationsfördernd) voraus und muss brauchbar (d. h. auf veränderbare Verhaltensweisen bezogen), konkret, angemessen und präzise sein.

Feedback sollte erbeten sein und darf nicht aufgezwungen sowie mit der Forderung nach einer Verhaltensänderung verbunden werden. Die Annahme des Feedbacks bleibt allein dem Angesprochenen überlassen.

Das Gruppenfeedback bezieht sich auf den Austausch innerhalb der Gruppenmitglieder über die Entwicklungen und Ergebnisse sowie auf den Austausch zwischen Gruppenleitung und Gruppenmitgliedern zur Verbesserung der Kommunikation. In inklusiven Gruppen kommt der differenzierten, ständigen Rückmeldung zwischen den Beteiligten des Lehr-Lernprozess eine hohe Bedeutung zu. Da sich die Wahrnehmung von Potenzialen, Entwicklungen, Hemmnissen und Schwierigkeiten stark unterscheiden kann, bedarf es einer fest installierten, transparenten Feedback-Kultur zur Optimierung unterrichts-, beziehungs- und persönlichkeitsrelevanter Faktoren.

2.4 Umgang mit Hürden im inklusiven Musikunterricht

Unterrichtsstörungen

Bildungs- und Erziehungsprozesse gelten insbesondere bei ihrer Institutionalisierung als störanfällig (vgl. KELLER 2008). Im System Schule bedarf es daher einer entsprechenden Professionalisierung von Lehrkräften hinsichtlich des Umgangs mit Störungen und des Classroom-Managements. Gerade im Fach Musik spielen bei allen Beteiligten des Unterrichts persönliche Einstellungen und Prägungen durch Familie und Gesellschaft eine große Rolle. Sie können den Unterricht kurzfristig, aber auch nachhaltig stark beeinträchtigen (vgl. EBERHARD 2010, GROHÉ 2011).

Bestätigt wird diese fachspezifische Besonderheit in der fachwissenschaftlichen Literatur, in Forschungsarbeiten, durch Aussagen von Musiklehrkräften oder in Schülerurteilen über den Musikunterricht. Auch Fachpräferenzstudien sowie Alltagserfahrungen belegen dies, was z.B. entsprechende Videoaufnahmen im Internet, etwa bei www.youtube.de, oder auch Spielfilme[1], die einen problemzentrierten Fokus auf die Musiklehrerrolle legen, zeigen. Da für den inklusiven Musikunterricht auch allgemeine Bedingungen des Faches gelten, wird zunächst das häufig belastende und frustrierende Problem der Unterrichtsstörungen allgemeiner thematisiert.

Unterrichtsstörungen sind „Ereignisse, die den Lehr-Lern-Prozess beeinträchtigen, unterbrechen oder unmöglich machen, indem sie die Voraussetzungen, unter denen Lehren und Lernen erst stattfinden kann, teilweise oder ganz außer Kraft setzen" (LOHMANN 2003). Als „Voraussetzungen, unter denen Lehren und Lernen erst stattfinden kann" gelten „Ruhe, Aufmerksamkeit, Konzentration, physische und psychische Sicherheit" (ebd.). Da nicht nur die Schüler stören können, sondern auch die Lehrer und die Rahmenbedingungen (z.B. Zeit, Raum, Stundentafel, Vorrückungsrelevanz und Status des Faches, Ausstattung,

---

1 z.B. „Die Feuerzangenbowle" (Deutschland 1944), Mr. Holland's Opus (USA 1995), Music of the heart (USA 1999), School of rock (USA 2003), Rhythm is it (Deutschland 2004), Die Kinder des Monsieur Matthieu (Frankreich 2005), Vier Minuten (Deutschland 2006), Wie im Himmel (Schweden 2007)

Lehrpläne), sind eine differenzierte Analyse einer Unterrichtssituation und die Vermeidung von Schuldzuweisungen an Schüler oder Lehrer nötig.

Was letztlich als Störung empfunden wird und in welchem Ausmaß dies geschieht, hängt von der individuellen Wahrnehmung durch die Beteiligten und den Folgen für den Lehr-/Lernprozess ab. Unangepasstes Schülerverhalten etwa kann ohne nachhaltige Störung verlaufen, wenn es z. B. ignoriert, mit dezenten nonverbalen Signalen oder humorvollen Bemerkungen kommentiert wird. Als Ausgangspunkt einer unterrichtlichen Analyse werden im Folgenden potenzielle Ursachen für Unterrichtsstörungen im Fach aus Sicht der am Unterricht Beteiligten vorgestellt (vgl. EBERHARD 2010), um im Anschluss weitere, explizite Hürden inklusiven Unterrichts aufzuzeigen.

Ursachen von Unterrichtsstörungen im Fach Musik

Es wurden folgende Kategorien für potenzielle Ursachen von Unterrichtsstörungen herausgearbeitet und jeweils mit einigen Beispielen illustriert:

1. Bedeutung und Stellenwert des Fachs (Vorrückungs- und Notenrelevanz, Nebenfachstatus, Ansehen als „Spaß-, Ausgleichs-, Erholungsfach")
2. Jahrgangsstufenspezifik (entwicklungspsychologische Vorgänge auf Schülerseite mit besonderer Relevanz ab der ausgehenden 6., vor allem aber in der 7. und 8. Jahrgangsstufe)
3. Kompetenzen des Lehrers, Lehrerverhalten und Lehrerpersönlichkeit (mangelnde praktische Kompetenzen, z. B. im schulpraktischen Spiel oder beim Medieneinsatz, fehlende Authentizität bzw. Anbiederung, abgehobene „Künstlerpersönlichkeit", scheinbar irrelevant: Alter des Lehrers)
4. Status und Funktion(en) des Musiklehrers (Fachlehrer, Klassenlehrer, zweites Fach des Lehrers, Funktionen an der Schule, z. B. Konrektor)
5. Ausbildung von Lehrern (Theorieüberhang, fehlende Praxisbezüge, Defizite im Hinblick auf Ausbildung im Bereich der populären Musik, keine Vorbereitung auf Umgang mit Störungen)
6. Schülerpersönlichkeit und Beziehungen unter Schülern (Beeinflussung durch musikalische Jugendkulturen und Gruppenverhalten, enge Verbindung mit Persönlichkeit, Regeln für das Verhalten in einem Ensemble unbekannt)
7. Erwartungshaltung (Friktionen des Unterrichtsangebots mit Schülererwartungen: theoretisches Lernen anstatt Musizieren, klassische Musik statt populärer Musik)

8. Langeweile (unbeliebte oder nicht altersgemäße Lieder, musik- und sonstige theoretische Inhalte, zu häufiges Wiederholen bei praktischen Aufgaben)

9. Geschlechtsspezifik (Jungen stören häufiger aufgrund von Geltungsbedürfnis, Unsicherheit, Coolness, Aufmerksamkeitsverlangen, unterschiedlichen Musikpräferenzen von Jungen und Mädchen)

10. Heterogenität (unterschiedliche musikalische Vorbildung, Interessenslagen und Motivationen sowohl innerhalb der Schülerschaft als auch im Vergleich zur Lehrkraft)

11. Lehrer-Schüler-Beziehung (geringe Kontaktzeit mit ca. 1/30 der Wochenstundenzahl, wenig Raum für soziale Erfahrungen, Einübung von Regeln, Regulierung von negativen Gruppeneinflüssen)

12. Unterrichtsgestaltung (Methodenarmut, fehlende Regelhaftigkeit beim praktischen Musizieren, mangelnde handlungsorientierte Zugänge zugunsten von „störungsarmem" Folienunterricht)

13. Unterrichtsinhalte und Umgangsweisen mit Musik (Reflexion: „altmodische" Themen; Singen: Liedgut; Hören: unklare Höraufträge; Tanzen: motorische Defizite der Schüler; Musik machen: Unerfahrenheit der Schüler im Ensemble)

14. Mangelnde Organisation (Regellosigkeit beim Austeilen von Instrumenten und in Erklärungs- bzw. Übephasen)

15. Über-/Unterforderung (unterschiedliche Einschätzung des Anforderungsniveaus durch Lehrer und Schüler)

16. Reiz und Faszination der Instrumente (Aufforderungscharakter der Instrumente wirkt auf die Schüler, z.B. beim Betreten des Musikraums oder in Stillephasen)

17. Motorischer Aufforderungscharakter von Musik (Bewegungsdrang der Schüler, animiert durch Hörbeispiele oder Tanzaufgaben)

18. Rahmenbedingungen des Musikunterrichts (Tageszeit und Unterrichtsdauer, Klassengröße, Raum und Ausstattung, Sitzordnung und Fachraumverhalten der Schüler)

19. Musikgeschmack (unterschiedliche Vorstellungen von Qualität, Ästhetik, Machart, Präsentation etc. von Musik auf Seiten der Schüler und im Vergleich zum Lehrer)

20. Alltäglichkeit von Musik (Dauerbeschallung, Musik als angenehmes Hintergrundgeräusch, Wahrnehmungs- und Aufmerksamkeitsdefizite)

21. Umgang mit Musikelektronik, Medien, Technik und Musikinstrumenten (Defizite im Umgang mit Technik und Elektronik, technische Probleme)

Spezifische Hürden des *inklusiven* Musikunterrichts

Über die genannten Aspekte hinaus gibt es besondere Hürden, die in Bezug auf inklusiven Unterricht bedacht werden müssen:

Auf systemischer und schulischer Seite:

- *Schulische Kulturen und Strukturen:* Sofern schulische Kulturen und Strukturen kein ganzheitliches Konzept für Inklusion gewährleisten, die sowohl Werthaltungen als auch Unterstützungssysteme und einen hohen Stellenwert des Faches umfassen, sieht sich ein inklusiver Musikunterricht erschwerten Rahmenbedingungen gegenüber.

- *Lehrplan:* Der Lehrplan für das Fach Musik muss den unterschiedlichen kulturellen und individuellen Voraussetzungen des Unterrichts Rechnung tragen und ein offen gestaltetes, individuell anpassbares Lernen ermöglichen. Dazu gehört u. a. die Reduktion der Stofffülle zugunsten intensiverer und individualisierter Vermittlung. Eine zu starke thematische Fokussierung, etwa auf westliche konventionelle Konzertmusik, führt zudem zur Ausgrenzung anderer Musikkulturen.

- *Raum und Ausstattung:* Für inklusiven Musikunterricht bedarf es einer entsprechend großzügigen und flexiblen Raumstruktur, die ebenso ästhetisch ansprechend und funktional ist. Wenn Musikräume – sofern überhaupt vorhanden – zu eng, überakustisch, optisch heruntergekommen, vollgestellt etc. sind, kann das Musiklernen und Musizieren in starkem Maße beeinträchtigt sein. Schüler mit besonderem Förderbedarf benötigen unterrichtliche Hilfsmittel und Spielhilfen auf Instrumenten. Ohne diese Sonderausstattung ist es schwierig, für Schüler mit Einschränkungen des Hörens und Sehens oder mit anderen körperlichen Einschränkungen einen angemessenen Unterricht zu gewährleisten.

- *Zeit:* Im Hinblick auf den Zeitbedarf für inklusiven Musikunterricht ist es hinderlich, wenn das Fach dem engen 45-Minuten-Takt unterliegt. Zeitliche Flexibilität, um auf die Bedürfnisse des Einzelnen einzugehen, ist ebenso wichtig wie die Nutzung der Tagesphasen, in denen besondere Konzentration und Aufmerksamkeit möglich sind. Dies ist in Randstunden und Nachmittagsstunden nur selten der Fall.

- *Schulleben:* Sofern das Schulleben dem Fach Musik und den Schülern keine entsprechenden Wahlangebote und Entfaltungsmöglichkeiten im Rahmen von Präsentationen und Konzerten ermöglicht, bleiben wichtige Potenziale musikalischer Bildung auf der Strecke. Es bedarf eines wertschätzenden Umgangs mit dem Fach.

- *Studium, Fort- und Weiterbildungsangebote sowie „best practice":* Bereits das Studium für das Fach Musik muss auf die besonderen Umstände eines inklusiven Musikunterrichts in fachlicher wie fachdidaktischer und pädagogisch-psychologischer Hinsicht vorbereiten. Zur Nach- und Weiterqualifikation hinsichtlich der verschiedenen Diversitätsfaktoren ist zudem ein fachspezifisches Angebot zur Professionalisierung der Musiklehrkräfte außerhalb des regulären Musikstudiums nötig, das sich den unterschiedlichen Facetten von „Vielfalt" zuwendet; bisher existiert es nur dürftig. Künftig sollten den Lehrkräften „Best-practice-Modelle", etwa zum Umgang mit Behinderungsformen, mit Armut, Geschlecht und Alter, Hochbegabung etc. helfen, den Schülern eines inklusiven Musikunterrichts gerecht zu werden.

- *Personelle Ressourcen:* Um einen im höchsten Maße binnendifferenzierten, individualisierten Unterricht zu gewährleisten, brauchen die Fachlehrer – je nach Voraussetzungen des Unterrichts – personelle Unterstützung. So können im Einzelfall Schüler mit besonderem Förderbedarf begleitet und unterstützt oder der reguläre Unterricht durch eine weitere Betreuungs- und Bezugsperson mit zusätzlichen Lern- und Unterstützungsangeboten bereichert werden.

Auf der Lehrerseite:

- *Lehrerrolle und Berufsbild:* Als herausfordernd kann sich im inklusiven Unterricht die Veränderung der Lehrerrolle erweisen. Lehrer, die einen lehrerzentrierten Unterrichtsstil pflegen, sind dazu angehalten, ihre Rolle zu überdenken und den Schülern einen größeren Gestaltungs- und Entscheidungsraum zu überlassen. Dies kann zu Rollenkonflikten führen, die für Schüler und Lehrer belastend sein können. Zudem kann das konventionelle Berufsbild des Musiklehrers infrage gestellt werden, wenn etwa künstlerische Kompetenzen zugunsten sonderpädagogischer Kompetenzen zurücktreten und beides als nicht vereinbar erlebt wird.

- *Individualisierung des Lernangebotes:* Die Notwendigkeit, sich an den individuellen Bedürfnissen und Ausgangslagen der einzelnen Schüler zu orientieren, kann zur Überforderung von Lehrern führen. Dies geschieht meist dann, wenn die anthropogenen Voraussetzungen sehr unterschiedlich sind, diese eher als belastend denn als bereichernd empfunden werden und zudem schulinterne und ausstattungsbezogene Einschränkungen zu Erschwernissen des Unterrichtens führen. Für einen individualisierten, flexibel gestalteten Unterricht ist ein Höchstmaß an Expertise im Hinblick auf fachliche und fachdidaktische Kompetenz sowie an Kreativität im Umgang mit unterschiedlichsten Voraussetzungen und Herausforderungen des Unterrichts nötig.

- *Pädagogische und diagnostische Kompetenz:* Um Musikunterricht individuell und lernstandsbezogen unterrichten zu können, müssen Lehrer präzise einschätzen, welches Potenzial und welchen Entwicklungsraum ihre Schüler im musikalischen Lernen haben. Auf dieser Grundlage können anschlussfähige Angebote gestaltet und Inhalte, Methoden und Sozialformen sinnvoll und zielführend eingesetzt werden. Die Diagnostik stellt somit als Ausgangspunkt einen wesentlichen Teil des musikpädagogischen Planens und Handelns dar, durch den sich weitere musikpädagogische Entscheidungen, u. a. in Bezug auf Unterrichtsplanung, Kommunikationsformen, Lerntätigkeiten und Handlungsbereitschaft auf Schülerseite optimieren lassen (vgl. GREUEL 2007). Im Sinne einer Prozessdiagnostik müssen die Vermutungen auf Lehrerseite ständig überprüft werden, wobei die Teilschritte Beobachten, Diagnostizieren und Reagieren nicht als abgeschlossener Kreislauf, sondern als unendliche Spirale zu sehen sind. Die diagnostische Kompetenz ist grundlegende Voraussetzung für einen inklusiven Musikunterricht. Für die verschiedenen Förderschwerpunkte braucht man eine besondere Expertise, die im Rahmen der herkömmlichen Lehrerbildung bislang kaum vermittelt wird. Bislang fehlt es an sonderpädagogischen Kenntnissen und Erfahrungen, die einen sensiblen und angemessenen Umgang mit den Schülern gewährleisten. Eine explizit sonderpädagogische Ausbildung kann durch die Erweiterung der Expertise von Musiklehrkräften nicht ersetzt werden.
- *Kollegiale Beratung:* Musiklehrer empfinden sich häufig als Einzelkämpfer. Obwohl nahezu alle Lehrkräfte mit ähnlichen Problemen und Herausforderungen zu kämpfen haben, sind der kollegiale Austausch und die gegenseitige Beratung eher selten. Im Zuge inklusiven Musikunterrichts kommt der gegenseitigen Hilfe und dem intensiven Erfahrungsaustausch im Hinblick auf die individuellen Voraussetzungen und Bedürfnisse – auf Lehrer- und Schülerseite – jedoch besondere Bedeutung zu.

Auf der Schülerseite:

- *Akzeptanz, Toleranz und Offenheit:* Von Schülern wird im Rahmen inklusiven Unterrichts ein hohes Maß an Akzeptanz, Toleranz und Offenheit verlangt. Im Rahmen der vielschichtigen und vielfältigen täglichen Begegnungen muss z. B. Rücksicht auf das Lerntempo und die Lernmöglichkeiten der Mitschüler genommen werden. Es ist viel Bereitschaft nötig, um sich mit den Problemen und Fragestellungen der Mitschüler auseinanderzusetzen, die von kulturellen Belangen über geschlechts- und altersspezifische Aspekte bis hin zu eigenen Einschränkungen und Behinderungen reichen können.

- *Identität:* Die Identitätsentwicklung ist im inklusiven Setting besonders wichtig: Die eigene Unterschiedlichkeit im Vergleich zu den Mitgliedern einer heterogenen Gruppe ist für den Einzelnen viel offensichtlicher als in homogenen Gruppen (z. B. im Gruppenunterricht an Förderschulen) und muss vom Individuum selbst anerkannt und akzeptiert werden. Der Umgang mit Musik kann wichtige Beiträge zur eigenen Identitätsentwicklung leisten, da über musikalische Präferenzen hinaus auch Kleidung, Verhalten, Codes, Sprache, ästhetische Einstellungen, Meinungen und Überzeugungen in Prozessen der Abgrenzung und Vergemeinschaftung beeinflusst werden. Gerade in der Jugendphase, in der Identitätsbildung in verstärktem Maße virulent wird, kann das Erleben der eigenen Andersartigkeit stark verunsichern (z. B. wenn jemand wegen körperlicher Einschränkungen vom gemeinsamen Tanzen ausgeschlossen ist) und die Identitätsbildung beeinträchtigen.

- *Leistungsdifferenzierung:* Da für unterschiedliche Schülervoraussetzungen entsprechend differenzierte Leistungs- und Bewertungsmaßstäbe gefunden werden müssen, scheint die Vergleichbarkeit der Leistungen erschwert bis unmöglich. Dies kann bei Schülern zu Unverständnis und Frust führen.

- *Selbstständigkeit:* Ein individualisierter Unterricht setzt ein hohes Maß an Selbstständigkeit bei den Schülern voraus. Da Arbeitsaufträge individualisiert erteilt werden, bedarf es von Schülerseite der eigenständigen und selbstgesteuerten Bewältigung, auch in zeitlicher Hinsicht, um die geforderten Leistungen in vergleichbarem Rahmen zu erbringen.

- *Kooperation:* Das Lernen in heterogenen Gruppen mit Helfersystemen, gegenseitiger Rücksichtnahme, Bestärkung und Motivation sowie die Übernahme von Verantwortung für andere verlangt von den Schülern soziale Kompetenz und Verständnis sowie die Bereitschaft, mit allen Schülern der Klasse an gemeinsamen Projekten konstruktiv und zielorientiert zu arbeiten.

3. Alle Schüler sind besonders: ausgewählte Diversitätsaspekte

Inklusion impliziert mehr als nur die Teilhabe von Menschen mit Behinderungen am Unterricht. Wenn über die gleichberechtigte Partizipation aller in der Institution Schule nachgedacht wird, dürfen Aspekte wie Migration, Geschlecht, Alter, aber auch Hochbegabung und soziale Lebensbedingungen nicht außer Acht gelassen werden. Speziell im Musikunterricht spielt Heterogenität hinsichtlich instrumentaler Vorerfahrung eine maßgebliche Rolle.

Im Folgenden werden einige für den inklusiven Musikunterricht besonders bedeutsame Diversitätsaspekte unter Berücksichtigung der Aspekte **Erscheinungsformen, Ursachen** und **soziale Relevanz** allgemein vorgestellt, um daraus Konsequenzen für den Musikunterricht im Hinblick auf die spezifisch relevanten Umgangsweisen „Musik machen", „Musik hören", „Musik reflektieren", „Musik umsetzen" und „Musik erfinden" abzuleiten.

Die isolierte Darstellung der einzelnen Aspekte soll der Übersichtlichkeit dienen und nicht darüber hinwegtäuschen, dass Diversitätsaspekte häufig gemeinsam auftreten und sich gegenseitig beeinflussen können.

3.1 Alter

Das Alter ist im Klassenverband in der Regel relativ homogen, sodass meist keine bedeutende Diversität entsteht. Ausnahmen bilden Zurückstellungen aufgrund von Leistungsdifferenzen, Krankheit oder Migrationshintergrund sowie das Überspringen von Klassen bei Schülern mit besonderer Begabung.

Der Aspekt des Alters kann jedoch in musikalischen Kontexten vor allem beim Wahlunterricht sowie an gebundenen Ganztagsschulen eine Rolle spielen, die in ihrem Nachmittagsband klassenübergreifende Projekte oder Arbeitsgemeinschaften anbieten.

Erwähnenswert sind diesbezüglich auch Konzepte des Jahrgangsübergreifenden Lernens (JüL), welche sich zurzeit vorrangig an Grundschulen bzw. in den Klassenstufen 1 bis 6 etablieren. Dabei lernen meist zwei bis drei Jahrgänge gemeinsam in einer Klasse. Schüler mit starker Identifikation zu einzelnen Musikrichtungen mit Übernahme von jugendkulturell oder szenetypischen Verhaltensmustern, Sprachcodes und Kleidungsstilen treffen in den genannten unterrichtlichen Situationen u. U. auf Schüler, die sich noch eher verspielt und kindlich verhalten.

Da Persönliches und Unterrichtliches in kaum einem anderen Schulfach so eng miteinander in Berührung kommen, können hieraus in besonderer Weise

Friktionen entstehen. Bezüglich der unterschiedlichen Altersstufen können auch entwicklungsbedingte Unterschiede, z. B. in Bezug auf die Körperkoordination, das Erfassen komplexer Sinnzusammenhänge und den Stimmbruch relevant werden.

Konsequenzen für den Musikunterricht

Die Heterogenität in den Bereichen Musikinteresse, Musikvorlieben, Leistungs- und Anspruchsniveau ist in klassenübergreifenden Projekten und Konzepten wesentlich größer als im regulären Klassenverband, sodass neben inhaltlicher Differenzierung auch auf eine abwechslungsreiche Musikauswahl geachtet werden sollte.

Je nach Sozialstruktur der Gruppe ist ein Tutorensystem denkbar, bei dem die älteren Schüler zu unterstützenden Paten für die jüngeren werden.

- **Musik machen:** Altersunterschiede gehen auch mit einer physischen Unterschiedlichkeit einher, die z. B. spezielle Anforderungen an die Liederarbeitung im Musikunterricht stellen. Physiologische Veränderungen der Stimme (vgl. Stimmbruch) haben die Veränderung des Tonumfangs und der sicheren Stimmführung zur Folge. Dies muss bei der Liedauswahl Berücksichtigung finden. Unterschiede im Bereich der motorischen Entwicklung spielen bei der Koordination komplexer Bewegungseinheiten beim Instrumentalspiel eine Rolle. Die unterschiedlichen Entwicklungsstände können konstruktiv bei entsprechend differenziert gestalteten, instrumentalen Arrangements genutzt werden.

- **Musik umsetzen:** Die unterschiedliche Ausprägung der Adoleszenz in altersgemischten Gruppen ist im Musikunterricht vor allem in den Bereichen **Tanz, Bewegung** und **szenisches Spiel** relevant. Rollenverteilung, Musik- und Tanzauswahl sowie Tanzaufstellung sollten an das Alter der Schüler angepasst werden. Dabei können sich die Schüler mit ihren musikalischen Vorlieben oder dem Erwachsenwerden selbst auseinandersetzen. Tanzchoreografien in Linien- oder Kreisaufstellung eignen sich aufgrund von körperlicher Distanz im Vergleich zu Paartänzen gut in altersgemischten Gruppen und berücksichtigen die unterschiedliche körperliche Entwicklung sowie potenzielle Gefühle von Scham und Ausgrenzung.

- **Über Musik nachdenken:** Abgesehen von unterschiedlichen inhaltlichen Interessen der Schüler macht sich die Heterogenität im Alter auch hinsichtlich des Anforderungsniveaus bemerkbar. So erfassen ältere Schüler in der Regel komplexere Zusammenhänge schneller und können anspruchsvollere Aufgabenstellungen bewältigen. Sprachstil, Vokabular, Text- bzw. Notentextmenge, Umfang und Anspruch fremdsprachlicher Texte müssen ggf. an die verschiedenen Altersstufen inhaltlich und formal angepasst werden.

3.2 Lernen

Der Förderschwerpunkt *Lernen* ist prozentual am häufigsten an allgemeinbildenden Schulen vertreten (vgl. KMK 2014). Dabei bedingen sowohl internale Faktoren wie Entwicklungsverzögerungen als auch externale Faktoren (z. B. das Aufwachsen in einer anregungsarmen, bildungsfernen Umgebung) diesen Förderschwerpunkt. Sind nur einzelne Bereiche des Lernens betroffen, spricht man von Teilleistungsstörungen, am häufigsten bekannt durch Dyskalkulie und Lese-Rechtschreib-Schwäche (LRS).

Schüler mit dem Förderschwerpunkt *Lernen* brauchen im Vergleich zu ihren Mitschülern mehr Zeit, um komplexe Zusammenhänge oder Strukturen erfassen und nachvollziehen zu können. Nicht selten sind die Lernprozesse dieser Schüler so stark verlangsamt, dass erhebliche Abweichungen im Lernstand zu ihren Mitschülern festzustellen sind und besondere Strategien zur Wissensaneignung notwendig werden.

Die Konzentration über eine Schulstunde hinweg konstant aufrecht zu erhalten oder Inhalte aus Klassengesprächen zu memorieren, ist für Schüler mit dem Förderschwerpunkt *Lernen* deutlich erschwert. Um eine adäquate Teilhabe am Unterricht zu ermöglichen, wird in den meisten Fächern ein zieldifferenter Unterricht angestrebt, der aber im Sinne der Inklusion und Partizipation das Arbeiten am gleichen Inhalt oder Unterrichtsgegenstand vorsieht (vgl. FEUSER 2013).

Durch das projektorientierte Arbeiten können auch leistungsschwache Schüler im Rahmen ihrer Möglichkeiten zu einem gemeinsamen Ergebnis wertvolle Beiträge leisten und so vor sozialer Ausgrenzung im Klassenverband geschützt werden.

Konsequenzen für den Musikunterricht

Die Schüler mit dem Förderschwerpunkt *Lernen* unterscheiden sich vorrangig hinsichtlich des Anspruchsniveaus von ihren Mitschülern. Deshalb sollten Inhalte und Methoden immer dem individuellen „Möglichkeitsraum" musikalischer Leistungen angepasst werden (vgl. GREUEL 2007). Der Förderschwerpunkt *Lernen* geht nicht von einer einheitlichen Lernstandssituation aus, vielmehr erfordert er eine individualisierte Umsetzung der Inhalte.

- **Musik machen:** Um die Schüler bei der Erarbeitung von Liedtexten und Rhythmuspatterns in ihrer Merkfähigkeit zu unterstützen, bietet sich eine visuelle Unterstützung mit Piktogrammen, Gesten und Bewegungsabläufen an. Rhythmuspatterns können außerdem mit einfachen Wörtern oder Sätzen unterlegt werden, um neben der Merkfähigkeit auch das korrekte Ausführen der Rhythmen zu unterstützen. Der Einsatz differenzierter, mehrstimmiger Rhythmen im Klassenverband bietet die Möglichkeit, dass Schüler mit Lernschwierigkeiten vereinfachte Patterns übernehmen und trotzdem einen essentiellen Teil zum Gesamtklangergebnis beitragen.

  Beim gemeinsamen **Instrumentalspiel** sollte neben der Auswahl von Instrumenten mit niedrigen Anforderungen an die Spieltechnik auch die Vereinfachung und Adaption der Handhabung von komplexer zu spielenden Instrumenten bedacht werden, um das Unterrichten am gemeinsamen Unterrichtsgegenstand möglich zu machen. Mithilfe alternativer Notationsformen wie z. B. Farben- und Zeichensysteme[1] oder verschiedener Hilfsmittel wie Klebepunkte und Tastenreiter können die Schüler beim Instrumentalspiel nach Noten unterstützt werden.

- **Musik reflektieren:** Die **Vermittlung theoretischer Inhalte** sollte weitgehend handlungsorientiert durch einen aktivierenden und bewegungsorientierten Musikunterricht erfolgen. Der Unterricht passt sich somit nicht nur an die Schüler mit dem Förderschwerpunkt *Lernen* an, sondern kommt allen Schülern der Klasse zugute.

  Eine methodisch abwechslungsreiche Vermittlung soll überdies die verschiedenen Lerntypen ansprechen und die Aufrechterhaltung von Aufmerksamkeit und Konzentration gewährleisten. Individuelle Arbeitsformen im Rahmen der Stationsarbeit und Freiarbeit eignen sich für den unterrichtlichen Umgang mit dem Förderschwerpunkt *Lernen* besonders gut. Arbeitsblätter und Definitionen sollten hinsichtlich der Anschaulichkeit, der Textmenge und des sprachlichen Anforderungsniveaus individuell angepasst werden.

---

1 vgl. das Farbnotensystem von Heinrich Ullrich, online unter:
http://www.hu-s.de/Seiten/Noten.htm

3.3 Verhalten

Mit Blick auf alle im Schulalltag auftretenden Diversitätsaspekte wird auffälliges Verhalten von vielen Lehrern als besondere Herausforderung empfunden (vgl. PREUSS-LAUSITZ 2005). Im Gegensatz zu den anderen Diversitätsaspekten geht es hier weniger um die Adaption von Unterrichtsinhalten, als vielmehr um grundlegende Gelingensbedingungen von Unterricht. Unerwartetes bzw. störendes Verhalten der Schüler kann sowohl das Lehren als auch das Lernen behindern. Schüler mit herausfordernden Verhaltensmustern beeinflussen das Unterrichtsgeschehen unmittelbar für alle Beteiligten. Oft fällt ihnen der adäquate Umgang mit Emotionen bzw. ein angemessenes Verhalten in sozialen Situationen schwer. Entwicklungsverzögerungen, AD(H)S, Autismus und Depressionen gehören im Schulalltag zu den häufigsten Diagnosen, die neben dem häuslichen Umfeld, lebenskritischen Erlebnissen und schulischer Überforderung auch gleichzeitig Ursache für ein – aus Lehrersicht – unangemessenes Verhalten sein können.

Gerade dies macht es Lehrern bisweilen schwer, den Schülern in gleichem Maße positiv und unvoreingenommen zu begegnen wie den übrigen Schülern. Als Leitgedanke sollte hierbei berücksichtigt werden, dass jedes Verhalten eine Ursache hat. Gelingt es der Lehrperson, die Verhaltensmotive des Schülers zu klären und zu verstehen, kann sie Maßnahmen zur Verhaltensmodifikation einleiten, da davon ausgegangen wird, dass jedes Verhalten nicht nur *er*lernbar, sondern auch wieder *ver*lernbar ist.

Überdies sollte die Lehrperson aus pädagogischen Gründen versuchen, die Verhaltensauffälligkeiten nicht nur als Schwäche zu deuten, sondern als Stärke umzuformulieren. Der veränderte Blickwinkel kann neue Handlungsspielräume eröffnen und den emotionalen Umgang mit den Schülern erleichtern. Den starken Bewegungsdrang eines ADHS-Schülers kann man z. B. nicht nur als nervige Unruhe, sondern als wertvolles Potenzial für einen lebendigen, körper- und bewegungsorientierten Unterricht begreifen.

Das oft störende, unangemessene und teilweise aggressive Verhalten der betroffenen Schüler kann die soziale Einbindung in die Klasse äußerst erschweren. Ängste und Probleme sollten offen angesprochen und thematisiert werden, um Empathie und ein grundlegendes Verständnis füreinander zu fördern und auf diese Weise frustrierende oder aggressive Grundstimmungen in der Klasse sowie aus den Verhaltensauffälligkeiten resultierende, kritische Situationen vermeiden bzw. konstruktiv bewältigen zu können.

Konsequenzen für den Musikunterricht

Musikunterricht findet häufig in unterschiedlichen sozialen Konstellationen statt und spricht in besonderem Maße auch emotionale Ebenen an. Dies kann zur Förderung sozialer und emotionaler Kompetenzen beitragen, aber auch zu Problemen führen, da Schüler mit schwierigem Verhalten verstärkt mit herausfordernden Situationen konfrontiert werden.

Allgemeine Unterrichtsstrukturen und Verhaltensmodifikation: Neben gemeinschaftlich aufgestellten, verbindlichen Regeln sind im Musikunterricht nonverbale Signale durch Hand- oder Klangzeichen wichtig. Dies gilt umso mehr in Situationen, in denen die Schüler in einer lauten Lernumgebung angeleitet werden müssen, die durch das musikalische Handeln bedingt wird. Die Regeln und die damit verbundenen Konsequenzen bei Nichteinhaltung müssen transparent, für alle sichtbar und für alle Schüler gleichermaßen gültig sein.

Schüler mit herausforderndem Verhalten reagieren selten auf ein Regelsystem, welches ausschließlich auf Bestrafungen ausgelegt ist. Wirksamer sind in der Regel die sogenannte **positive und negative Verstärkung**, sowie eine Kombination aus einem Konsequenzkatalog und einem Tokensystem. Tokensysteme sind Belohnungssysteme, die sowohl dem einzelnen Schüler als auch der ganzen Klasse zugutekommen können. Sie orientieren sich am erwünschten Verhalten und schenken nicht nur dem unerwünschten Tun Aufmerksamkeit. Dies ist ein wesentlicher Aspekt in der Arbeit mit herausfordernden Schülern. Positives Verhalten muss sich lohnen! Das gewünschte Verhalten sollte konkret formuliert werden, damit unangemessene Handlungen nachvollziehbar und Konsequenzen nicht ausschließlich auf die eigene Persönlichkeit zurückgeführt werden („Der Lehrer mag mich nicht", „Ich bin ein schlechter Schüler"). Im Musikunterricht gehören u. a. der konkret erwünschte Umgang mit Instrumenten und Mitschülern sowie das Respektieren und verbindliche Einhalten von Signalen und Regeln beim gemeinsamen Musizieren dazu.

Schüler mit herausforderndem Verhalten benötigen eine **sehr zeitnahe Rückmeldung**, z. B. unmittelbar in der Unterrichtsstunde. Bei Verbesserung des Verhaltens und nach Annahme des Tokensystems kann das Feedback bis auf eine Stunden-, Tages- oder Wochenbewertung ausgeweitet werden. Belohnungen können z. B. gegenständlich in Form von Smileys oder Stickern erfolgen.

Ebenfalls möglich ist eine Liste, in der symbolisch eine bestimmte Anzahl an Smileys gesammelt werden muss, um z. B. zu Hause eine Belohnung zu erhalten. Allgemein ist die Zusammenarbeit mit den Eltern bei der Arbeit mit Tokensystemen unerlässlich.

Schüler mit herausforderndem Verhalten benötigen in höchstem Maße eine **ritualisierte Unterrichtsstruktur**, um sich im Unterrichtsgeschehen orientieren zu können. Gerade in einem lebendigen, abwechslungs- und methodenreichen, interaktiven Musikunterricht sind klare Strukturen essentiell notwendig. Ähnlich wie beim Förderschwerpunkt *Lernen* können zur Unterstützung Piktogramme eingesetzt werden, um Unterrichtsverläufe an der Tafel sichtbar zu machen. Das Abwechseln von Ruhe- und Aktivitätsphasen, ebenfalls an der Tafel gekennzeichnet, verhelfen zu einer klaren Unterrichtsstruktur, die allen Schülern zugutekommt.

Musikunterricht ist ein erfahrungs- und erlebnisorientiertes Fach und somit geprägt von bewegungsorientierten, aktiven Phasen. Dies erfordert auf der anderen Seite, dass für Schüler mit auffälligem Verhalten **Rückzugsmöglichkeiten** gewährleistet sein müssen. Dies kann räumlich in einer separaten Ecke, in einem Teilungsraum oder (bei Wahrung der Aufsichtspflicht) auch im Flur stattfinden. Unter Verwendung von Hilfsmitteln, wie z. B. Schallschutzkopfhörern, kann eine Entspannung auch auf dem Platz erfolgen. Die Zeiten der Rückzugmöglichkeiten sollten gemeinsam besprochen, dokumentiert und wenn möglich nach und nach eingegrenzt werden.

3.4 Sprache

Im Zuge der hier vorgestellten Diversitätsaspekte nimmt der Förderschwerpunkt *Sprache* eine gewisse Sonderstellung ein. Früh einsetzende Förder- und Therapieangebote stehen im signifikanten Zusammenhang mit der Bewältigung von Sprachproblemen. Dies spiegelt sich auch in der abnehmenden Anzahl der Schüler mit dem Förderschwerpunkt *Sprache* in den einzelnen Klassenstufen wieder. Störungsbilder der Sprache sind sehr heterogen und umfassen

- Probleme der Artikulation und der Aussprache (phonetisch-phonologische Ebene),
- Probleme des Wortschatzes und des Sprachverständnisses (semantisch-lexikalische Ebene),

- Schwierigkeiten mit der Grammatik und dem Satzbau (syntaktisch-morphologische Ebene),
- das Stottern, Poltern und den Mutismus (kommunikativ-pragmatische Ebene) sowie
- Probleme der Stimme vom Stimmumfang und -klang bis hin zur permanenten Heiserkeit.

Ein Migrationshintergrund ist entgegen häufiger Annahmen allein kein Indikator für den Förderschwerpunkt *Sprache*. Ursachen können sowohl physiologisch, den Stimmapparat und den Mund- und Rachenraum betreffend, als auch psychisch bedingt sein. Häufig führen unbemerkte Einschränkungen des Hörens zu Verzögerungen der sprachlichen Entwicklung.

Störungen der Sprache sind immer auch Kommunikationsstörungen und haben Einfluss auf die soziale Integration in der Klasse. Die betroffenen Schüler werden aufgrund ihrer Sprachstörung nicht bzw. falsch verstanden oder sprechen nicht oder wenig, da sie sich vor Ausgrenzung und Spott fürchten. Daher sollten klare Regeln für das soziale und kommunikative Miteinander aufgestellt werden, die eine angstfreie Atmosphäre und Gesprächskultur gewährleisten. Auf einer grundsätzlich verständnis- und respektvollen Basis ist es jedem Schüler möglich, sich nach seinen sprachlichen Möglichkeiten auszudrücken, auch wenn dies u.U. ein längerer und auch für den bzw. die Kommunikationspartner anstrengender und schwieriger Prozess sein kann. Schüler mit dem Förderschwerpunkt *Sprache* können umgekehrt von den vielfältigen Sprachvorbildern ihrer Mitschüler profitieren.

Konsequenzen für den Musikunterricht

Im Musikunterricht stellt der Förderschwerpunkt *Sprache* in betont **kommunikativen Unterrichtsprozessen** und vor allem beim **„Musik machen"** eine Herausforderung dar. Andererseits kann der Musikunterricht wirksam zur Sprachförderung beitragen, ohne den Anspruch sprachtherapeutischer Einflüsse erheben zu wollen. Der Musikunterricht beinhaltet vielmehr naturgemäß sprachförderliche Elemente. Diese können bewusst eingesetzt werden, ohne die Aufmerksamkeit der betroffenen und nicht betroffenen Schüler auf die Sprachstörungen zu lenken.

- **Musik machen/Liedarbeit:** Eine besondere Differenzierung brauchen Schüler mit dem Förderschwerpunkt *Sprache* bei der **Liedarbeit** hinsichtlich der

Parameter „Melodie" und „Rhythmus". Die Notwendigkeit und der Grad der Differenzierung müssen im Zusammenhang mit der vorliegenden Sprachstörung gesehen werden und lassen sich nicht pauschalisieren. Besonders sensibel sollte mit dem Lied- und Textvortrag von Schülern mit sprachlichen Schwierigkeiten umgegangen werden.

Hier ist die Freiwilligkeit oberstes Gebot. Alternativ zu einem Vortrag kann der Schüler die Klasse z. B. instrumental begleiten, Ziel sollte aber eine gleichwertige Beteiligung an sprachlichen oder stimmlichen Prozessen sein. Die Lehrkraft und die Klasse können hierbei positiv einwirken und unterstützen. Die Arbeit mit Liedern und dazugehörigen Einsingübungen führt neben der Festigung und Erweiterung des Wortschatzes zur Förderung der Mundmotorik und Artikulation.

Das Umsetzen von **Rhythmen** kann ebenfalls schwerfallen, da den betroffenen Schülern häufig ein Gefühl für Metrum und Takt fehlt. Dies macht sich insbesondere in der Sprache bemerkbar. Hier bieten sich Differenzierungen an, die das Fühlen und Umsetzen des Grundmetrums in den Vordergrund stellen. Dabei übernehmen die Schüler eine hohe Verantwortung für die gesamte Klasse und leiten diese nonverbal an. Umgekehrt können rhythmische Übungen bei der Rhythmisierung und Segmentierung von Sprache unterstützend wirken. Metrisches Sprechen und Singen befördert dabei einen konstanten Redefluss.

- **Musik hören:** Differenzieren von Klängen und Geräuschen bereitet Schülern mit Sprachschwierigkeiten häufig Probleme. Klang- und Geräuschdifferenzierungen bilden die Grundlage für das Diskriminieren von Lauten, einer grundlegenden Fähigkeit für die korrekte, eigene Lautbildung und das Sprachverständnis. So können rezeptive Inhalte des Musikunterrichts neben der Vermittlung von musikalischen Inhalten Förderaspekte für Schüler mit Artikulationsschwierigkeiten darstellen. Da die Zuordnung von Tongeschlecht und Tonhöhe häufig erschwert ist, sollten Höraufträge in der Menge und im Schwierigkeitsgrad entsprechend differenziert werden.

3.5 Motorische Entwicklung

Motorische Einschränkungen und körperliche Behinderungen werden durch Schädigungen des Zentralnervensystems, der Muskulatur und des Skelettsystems sowie durch chronische Erkrankungen und organische Fehlfunktionen bedingt. Dabei können einzelne Gliedmaßen oder der gesamte Bewegungsapparat betroffen sein. Kommt ein Schüler mit dem Förderschwerpunkt *Motorische Entwicklung* neu in die Klasse, impliziert dies nicht, dass er zwingend auf einen Rollstuhl angewiesen ist. Insgesamt benötigen nur wenige Schüler mit dem Förderschwerpunkt *Motorische Entwicklung* einen Rollstuhl.

Motorische Einschränkungen können die Raum-Lage-Beziehung und die Wahrnehmung des eigenen Körpers (das sogenannte Körperschema) erschweren, da das Bewegen und Wahrnehmen bestimmter Körperteile bzw. die Bewegung im Raum aufgrund der Einschränkungen erschwert oder gar unmöglich ist. Um an der Klassengemeinschaft gleichberechtigt teilhaben und von den Mitschülern anerkannt werden zu können, ist eine hohe Selbstständigkeit und Unabhängigkeit der Schüler von der Hilfe anderer notwendig.

Um dies räumlich zu gewährleisten, werden großzügige Räume benötigt, die mittels breiter Gänge ein unkompliziertes Durchqueren ermöglichen. Alle Materialien sollten auch für die Schüler mit körperlichen Einschränkungen zugänglich und gut erreichbar sein, sodass sie in höchstem Maße selbstständig und selbstwirksam agieren können.

Konsequenzen für den Musikunterricht

Besonders relevant sind im Musikunterricht Differenzierungen in den Bereichen „Musik machen" und „Musik umsetzen" sowie alle weiteren Unterrichtssituationen, in denen grob- und feinmotorische Prozesse eine tragende Rolle spielen.

- **Musik machen:** Beim **Instrumentalspiel** ist es bedeutsam, den Schülern mit motorischen Einschränkungen nicht permanent die leicht zu handhabenden Trommeln oder Orff-Instrumente zuzuteilen, sondern auch hier die Arbeit am gemeinsamen Unterrichtsgegenstand in den Vordergrund zu rücken. Im Rahmen des Möglichen sollten Instrumente ggf. adaptiert und vereinfacht werden, um für alle Schüler einen Zugang zu ermöglichen.

  Dabei rückt die korrekte Spielweise eines Instruments zugunsten der selbstständigen Klangerzeugung in den Hintergrund. Gitarren können z.B. von oben gegriffen oder auf dem Tisch liegend angeschlagen werden (siehe Seite 105). Eine Vereinfachung der zu spielenden Melodie ermöglicht zudem eine Teilhabe am gemeinsamen Unterrichtsgegenstand.

- **Musik umsetzen/Bewegungs- und Tanzeinheiten**: Sie sollten nicht ausschließlich auf den Schüler mit Förderschwerpunkt *Motorische Entwicklung* ausgerichtet sein. Dadurch würde die Einschränkung viel mehr in den Mittelpunkt gerückt und womöglich zur psychischen Belastung werden („Weil ich nicht klatschen kann, müssen alle immer im Takt stampfen und sind genervt von mir.").

Ausgangspunkt sollte ein respektvolles und anerkennendes Miteinander sein, das Alternativen findet, anstatt zu verbieten. So kann offengelassen werden, ob im Takt geklatscht, gepatscht oder gestampft wird. Schüler mit dem Förderschwerpunkt *Motorische Entwicklung* werden ermutigt im Rahmen ihrer Möglichkeiten teilzunehmen. Ähnlich verhält es sich bei Tänzen bzw. vorgegebenen Bewegungsabläufen. Diese können entsprechend vereinfacht oder abgewandelt werden, was nicht nur den Schülern mit motorischen Einschränkungen zugutekommt, sondern der allgemeinen Vielfalt in der Klasse entspricht, welche sich auch hinsichtlich motorischer Fähigkeiten und Fertigkeiten zeigen kann.

Auch Schüler im Rollstuhl haben meist Spaß am Tanzen. Zur Umsetzung werden Fußbewegungen durch Arm- und Rollstuhlbewegungen ersetzt. Sollte eine Teilnahme aufgrund schwerer motorischer Einschränkungen unmöglich sein, kann über vokalen oder instrumentalen Mitvollzug nachgedacht werden. So können alle Schüler an einem gemeinsamen Projekt arbeiten und zum Gesamtergebnis beitragen.

- **Musik umsetzen/Malen zur Musik:** Dies kann – je nach Einschränkung – mit unterschiedlichen Materialien (z. B. mit dickeren Stiften, Gelstiften oder Fingermalfarben) und in verschiedenen Abstraktionsgraden durchgeführt werden. Auch der Einsatz von Gegenständen zur visuellen Gestaltung ist denkbar (z. B. das Legen einer Klangpartitur mit Steinen). Auf diese Weise können Klangverläufe und Klangassoziationen in Grafiken und Bildern dargestellt und anschließend in einem Galerierundgang von allen begutachtet werden.

3.6 Hören

Das Wahrnehmen von Geräuschen nimmt einen zentralen Stellenwert im Musikunterricht ein; es ist mit der Musikpraxis untrennbar verbunden. Physikalisch betrachtet sind Töne und Geräusche Schallwellen, die über das Gehörorgan aufgenommen werden. Diese Schallwellen lassen sich auch in Form von

Vibrationen spüren oder im Wasser sichtbar machen. Musik ist somit auch für schwerhörige bzw. taube Menschen taktil oder visuell wahrnehmbar.

Weniger als ein Prozent der Schüler mit einer Hörschädigung ist absolut taub. Den Großteil der Schüler mit dem Förderbedarf *Hören* betrifft eine leichte oder mittelgradige Schwerhörigkeit, der Hörverlust liegt in den meisten Fällen bei max. 60 dB. Dies bedeutet, dass eine Wahrnehmung von Geräuschen oder einzelnen Frequenzen meist möglich ist, sodass Musik eingeschränkt wahrgenommen werden kann. Auch bei Taubheit (ab 90 dB Hörverlust) kann eine Wahrnehmung von Musik durch das taktile Empfinden von Schall, z. B. durch die Verstärkung der Bassklänge/-frequenzen sowie der Vibration von Instrumenten, möglich gemacht werden.

Neben der Ausprägung der Schwerhörigkeit unterscheidet man zwei Arten von Hörschädigungen hinsichtlich ihrer physiologischen Ursachen. Eine Schallleitungsschwerhörigkeit ist im äußeren Teil des Ohres oder im Mittelohr lokalisiert, sodass Hörreize nur leise und gedämpft wahrgenommen werden können. Dies kann häufig mit Hilfe eines Hörgerätes ausgeglichen werden.

Davon abzugrenzen ist die Schallempfindungsschwerhörigkeit, die auf einer Schädigung des Innenohrs beruht. Sie ist meist nicht allein durch ein Hörgerät auszugleichen, da eine Störung der Schallverarbeitung zugrunde liegt. Mithilfe von Cochlea-Implantaten besteht zumindest die Möglichkeit, einzelne Hörreize an das Gehirn weiterzuleiten. Das Hörerlebnis wird jedoch eher als „mechanisch" oder „blechern" beschrieben und ist nicht mit unserer Wahrnehmung von Klängen vergleichbar.

Aufgrund des Zusammenhangs von Hör- und Gleichgewichtssinn sowie von Hören und Sprechen sind Gleichgewichtsstörungen und Sprachentwicklungsverzögerungen typische Begleiterscheinungen einer Hörbehinderung.

Konsequenzen für den Musikunterricht

Höreinschränkungen wirken sich auf *alle* Bereiche des Musikunterrichts aus, da Hörerlebnisse in allen musikalischen Lernbereichen („Musik machen", „Musik hören" „Musik umsetzen", „Musik erfinden" und „Musik reflektieren") einbezogen sind.

Mit Höreinschränkungen können spezielle **Musikvorlieben** und **–interessen** verbunden sein, die ein besonderes Hörerlebnis ermöglichen (z. B. sind puls- und rhythmusbetonte Musikarten wie Techno, Disco oder afrikanische, kubanische und brasilianische Musikstile auch für taube Menschen gut wahrnehmbar).

Bei Schülern mit Hörgeräten muss bedacht werden, dass nicht nur die spezielle Musik oder die Ansprache durch Lehrer und Mitschüler, sondern auch die Nebengeräusche verstärkt werden. Dadurch kommt es zum sogenannten „Cocktaileffekt", bei dem sich alle Geräusche überlagern. Dies ist für Schüler gerade in lauten Klassensituationen sehr anstrengend und irritierend.

Aufgrund der aktiven und rezeptiven Auseinandersetzung mit Klang- und Geräuscherzeugung sowie des Einsatzes vielfältiger kooperativer Methoden ist der Musikunterricht häufig mit einer entsprechenden Geräuschkulisse und Lautstärke verbunden. Darum sollte der Einsatz eines Hörgeräts mit Schülern und Experten abgestimmt werden sowie gezielt und differenziert erfolgen.

Grundsätzlich helfen im Unterricht ritualisierte Gesten und visuelle Signale, um Schülern mit einer Hörbeeinträchtigung die Partizipation zu erleichtern und die Geräuschbildung zu minimieren. Verbale Ansprachen und Aufforderungen sollten immer der Klasse bzw. dem Schüler mit Hörschwierigkeiten zugewandt erfolgen, sodass das Hören prinzipiell erleichtert und das Ablesen von Silben und Worten auch vom Mundbild erfolgen kann.

- **Musik machen:** Schüler mit einer Hörschädigung haben ebenso viel Spaß am **gemeinsamen Musizieren** wie die übrigen Schüler ohne Beeinträchtigung. Um das gemeinsame Musizieren sowie das individuelle Erleben zu unterstützen, sollte besonderes Augenmerk auf die Auswahl der Instrumente gelegt werden.

  Am besten eignen sich für Schüler mit dem Förderschwerpunkt *Hören* Instrumente, deren Klänge sie auditiv oder taktil wahrnehmen können. Rhythmusinstrumente wie Trommeln oder Cajons sowie Bodypercussiongrooves haben für Schüler mit einer Hörbehinderung einen hohen Aufforderungscharakter. Grundsätzlich sind jedoch auch andere gängige Instrumente denkbar, die obige Kriterien erfüllen, sowie Instrumente, die speziell für Beeinträchtigungen des Hörens entwickelt wurden. Beim individuellen Üben auf einem Keyboard o. ä. können Kopfhörer, ggf. mit Vorverstärker, hilfreich sein, ebenso beim Einsatz von Übetracks, z. B. über einen eigenen Mp3- oder CD-Player.

- **Musik machen:** Das **Singen** bedeutet eine besondere Herausforderung, da Melodieverläufe je nach Ausprägung der Hörschädigung kaum oder gar nicht wahrgenommen werden können und auch die auditive Selbstkontrolle nur begrenzt möglich ist. Hier eignen sich z. B. das Rappen, bei dem es nicht auf die Melodiebildung ankommt, sowie die instrumentale Begleitung oder ein Mitvollzug durch Bewegung.

Bei hochgradigen Hörbehinderungen wird auch die Produktion von Lautsprache schwierig. Kommunizieren die Schüler mit der Gebärdensprache, kann diese beim gemeinsamen Singen verwendet werden und eine Teilhabe ermöglichen. Durch mobile Mikrofone und ein entsprechendes Verstärkersystem kann auch die Ansprache der Lehrerin oder die Melodie beim Singen für die Schüler zusätzlich verstärkt werden.

- **Musik hören:** Für **Höraufgaben** oder das Kennenlernen eines neuen Musikstückes ist es zweckmäßig, dass Schüler mit einer Hörbehinderung in einer individuell präferierten Lautstärke über Kopfhörer hören. Je nach Hörvermögen können unterschiedliche Höraufgaben von den Schülern bearbeitet werden. Als Hilfe können hierzu auch das Notenbild oder andere Visualisierungen zur Verfügung gestellt werden.
- **Musik umsetzen:** Auf der taktilen Empfindung von Musik beruht auch das **Tanzen**. Um die Wahrnehmung zu erleichtern, kann die Musik lauter gestellt werden, was jedoch im Hinblick auf die anderen Schüler nur in begrenztem Maße möglich und sinnvoll ist. Geeigneter erscheint demgegenüber das Verstärken des Metrums mit einer Trommel oder eine Verstärkung der Bassfrequenzen.

Tanzschritte und Bewegungsabläufe sollten nicht nur verbal, sondern auch visuell, z. B. mit Hilfe von Piktogrammen an der Tafel, dargestellt werden. Dies ist für alle Schüler der Klasse eine hilfreiche Orientierung. Bei Problemen mit dem Gleichgewicht kann eine Differenzierung durch alternative Bewegungsformen oder langsamere Bewegungen erfolgen. Eine individuelle Absprache mit den betroffenen Schülern ist hierzu sinnvoll.

3.7 Geistige Entwicklung

Ein einheitliches Bild des Förderschwerpunktes *Geistige Entwicklung* lässt sich nur schwer skizzieren, da Ausprägungsgrade und Erscheinungsformen sehr vielfältig sind. Meist liegt eine „organische Schädigung [vor], die direkt oder indirekt das Gehirn betrifft. Sie beeinflusst die Gesamtpersönlichkeit des Menschen, sein Denken, Empfinden, Wahrnehmen, Handeln und Verhalten" (FORNEFELD 2009). Häufige Ursachen sind genetische Defekte, Unfälle, aber auch Stoffwechselerkrankungen sowie erworbene Schädigungen vor und während der Geburt z. B. durch Sauerstoffmangel oder Drogenmissbrauch.

Kinder mit dem Förderschwerpunkt *Geistige Entwicklung* werden wie Schüler mit dem Förderschwerpunkt *Lernen* zieldifferent unterrichtet und eignen sich (musikalische) Inhalte vor allem auf einer basal-perzeptiven Ebene an. Als Hauptbildungsziel stehen jedoch nicht fachliche, sondern lebenspraktische Fertigkeiten im Vordergrund, die ein höchstmögliches Maß an Selbstständigkeit in den Bereichen Anziehen, Essen, Einkaufen, Hygiene, Kochen und Haushaltsführung etc. gewährleisten.

Konsequenzen für den Musikunterricht

Je nach Einschränkung und Ausprägung müssen alle Lernbereiche des Musikunterrichts hinsichtlich des **Anspruchsniveaus** genauer betrachtet und ggf. adaptiert werden. In Zusammenarbeit mit unterstützenden Sonderpädagogen und Einzelfallhelfern werden individuell die jeweiligen Ziele festgelegt.

- **Musik machen:** Je nach Fähigkeit werden passende Instrumente ausgewählt bzw. adaptiert. Für ein gemeinsames Unterrichtsprodukt sollte die Arbeit am gemeinsamen Unterrichtsgegenstand grundlegend sein und – analog zur motorischen Entwicklungsverzögerung – kein bloßes „Dabeisein" fokussiert werden. Durch neue Medien können die Schüler auch mit Hilfe von Tablet-PCs oder digitalen Klangerzeugern qualitätsabhängig realistisch klingende Sounds von Instrumenten erzeugen, deren Handhabbarkeit im Original für sie nicht möglich ist.

  Der Vorteil digitaler Klangerzeugung besteht zudem darin, dass die Klänge ohne große Anstrengung produziert werden können, was dennoch zu einem einigermaßen authentischen Hörerlebnis führt. Instrumente mit einer so komplizierten Spielweise, dass das Klangerlebnis als ungenügend empfunden wird, lassen hingegen schnell Frustration und Langeweile entstehen.

- **Musik reflektieren:** Das Reflektieren und Aneignen **theoretischer Inhalte** bedeutet für Schüler mit dem Förderschwerpunkt *Geistige Entwicklung*, aber auch generell für ein inklusives Setting, eine große Herausforderung. Trotzdem sollten grundsätzliche Elemente unabhängig von Förderschwerpunkten für alle erlebbar gemacht werden; dazu gehören z. B. auch die Erfahrung von Ordnung und Unordnung, Wiederholungen oder das Variieren und Kontrastieren, etwa in der Lautstärke oder Geschwindigkeit.

  Zudem sollte man auf einen angemessenen Wortschatz achten und Fachbegriffe im individuellen Umgang weitgehend vermeiden.

3.8 Sehen

Was und wie viel ein Schüler mit dem Förderschwerpunkt *Sehen* mit seinen Augen wahrnehmen kann, ist äußerst unterschiedlich. Eine Sehbehinderung liegt dann vor, wenn maximal 30 % Sehfähigkeit (1/3) trotz Verwendung einer Brille erreicht werden können. Das bedeutet, dass Gegenstände, die mit einer 100 %-Sehfähigkeit auf drei Meter Entfernung erkannt werden, erst im Abstand von einem Meter diskriminiert werden können. Der Begriff Blindheit wird ab einer Sehschärfe von maximal 2 % (1/50) definiert. Ein Schüler erkennt den Gegenstand also erst aus einem Abstand von einem Meter, den Normalsichtige schon aus 50 Metern sehen können.

Aber auch ausgeprägte Gesichtsfeldausfälle können bei intakter Sehschärfe zu einer Sehbehinderung oder Blindheit führen.

Eine absolute Blindheit ohne visuelle Effekte wie Helligkeit oder Farben tritt nur sehr selten auf.

Insgesamt erschweren Sehbeeinträchtigungen häufig das dreidimensionale Sehen, die Raum-Lage-Beziehung sowie ein ausgeprägtes Körperschema, da das Bewusstsein für den Körper und die Körperhaltung aufgrund des fehlenden Vergleichs mit anderen bzw. fehlender eigener Beobachtungsmöglichkeit im Spiegel nicht oder nur schwach ausgeprägt ist. Für eine möglichst barrierefreie Teilhabe am Unterricht stehen mediale Unterstützungen, Vergrößerungssysteme oder die Nutzung von Brailleschrift zur Verfügung. Was im Einzelfall verwendet wird, entscheidet ein Expertenteam, zusammengesetzt aus Lehrern, Sonderpädagogen, Therapeuten und Ärzten.

Mediale Unterstützung

Brailleschrift: Liegt eine hochgradige Sehbehinderung oder Blindheit vor, reichen Hilfsmittel für die Vergrößerung von Schrift und Bildern nicht mehr aus. Zudem brauchen Schüler mit Vergrößerungssystemen ab einem bestimmten Vergrößerungsgrad deutlich mehr Zeit, um Wörter und Buchstaben zu entziffern, sodass es sinnvoll ist, die Brailleschrift einzusetzen. Durch sechs erhabene Punkte werden das gesamte Alphabet, Zahlen und gängige Zeichen dargestellt. Für das Notieren von Noten existiert eine eigene Systematik in der Brailleschrift. Man unterscheidet die Langschrift, in der ein Schwarzschriftzeichen für je ein Braillezeichen steht, und die Kurzschrift, in der einzelne Buchstaben ganze Buchstabenverbindungen oder Wörter darstellen. Die Kurzschrift ermöglicht eine normale Lesegeschwindigkeit und ist platzsparender. Durch die geprägten Buchstaben nehmen Texte in Braille deutlich mehr Platz in Anspruch als bei der Schwarzschrift.

Braillezeile: Mithilfe einer Braillezeile am Computer können schriftliche Informationen des Bildschirms gelesen werden. Hierfür übersetzt die Braillezeile die Schwarzschrift in Braille. Um auch alle Sonderzeichen darstellen zu können, wurde die Brailleschrift auf acht Punkte erweitert.

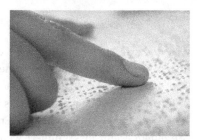

Brailleschrift

Sprachausgabe: Die Sprachausgabe ermöglicht ebenfalls die Arbeit am PC, da Aufgaben oder Arbeitsblätter vorgelesen werden können.

Bildschirmlesegerät: Das Bildschirmlesegerät ist mit einer Kamera und einem Monitor ausgestattet. Bücher oder andere Objekte werden mit der Kamera gefilmt und bis zu 40-fach vergrößert auf dem Monitor dargestellt. Neben der Schriftgröße kann auch die Schriftfarbe und der Kontrast verändert werden, um die bestmögliche Lesbarkeit für den Schüler zu erreichen.

Braillezeile am Computer

Tafellesegerät: Mithilfe einer installierten Kamera kann das Tafelbild auf den Monitor am Schülerarbeitsplatz projiziert werden. Wie beim Bildschirmlesegerät können auch hier neben der Schriftgröße die Schriftfarbe und die Kontraste verändert werden.

Bildschirmlesegerät

Vergrößerungssysteme: Es gibt vielfältige Vergrößerungshilfen, die individuell

Elektronische Lupe

angepasst werden müssen. Neben Lupen und Leuchten existieren elektronische Vergrößerungssysteme in unterschiedlichen Größen und mit unterschiedlichen Funktionen. Ab einer hochgradigen Sehbehinderung ist ein Bildschirmlesegerät empfehlenswert, da der Umgang mit mobilen Vergrößerungssystemen zunehmend umständlicher wird und der Vergrößerungsgrad stärker limitiert ist.

Konsequenzen für den Musikunterricht

Musik nimmt für Kinder mit dem Förderschwerpunkt *Sehen* einen großen Stellenwert ein, da sie sich ihre Umwelt hauptsächlich auditiv oder taktil erschließen. Häufig liegen sogar besondere Fähigkeiten oder Interessen in musischen Fächern vor, sodass z.B. Melodien, Liedtexte und Rhythmen schnell erfasst und auswendig gelernt werden können.

Um auch darüber hinaus eine barrierefreie Teilhabe am Unterricht zu ermöglichen, müssen neben den Aspekten Vergrößerung oder Verwendung von Brailleschrift die besonderen **Bedürfnisse der Raum- und Körpererfahrung** berücksichtigt werden. So gehört zu einer uneingeschränkten Teilhabe auch das selbstverständliche und angstfreie Orientieren im Musikraum.

Auch Schüler mit dem Förderschwerpunkt *Sehen* müssen beim Auf- und Abbau von Instrumenten Verantwortung übernehmen können. Dazu bedarf es eines Ordnungssystems, welches allen Schülern zugutekommt und die Lehrkraft entlastet. Inklusion bedeutet in diesem Kontext auch, verantwortlich für den eigenen Lernprozess zu sein und sich am Auf- und Abbau zu beteiligen.

- **Musik machen:** Einzelne Gegenstände und Instrumente müssen zuerst taktil erkundet und in einen Sinnzusammenhang gebracht werden. Beim Spiel auf Instrumenten brauchen Schüler mit Sehbeeinträchtigungen mehr Zeit, um sich auf dem Instrument zu orientieren. Erhabene Klebepunkte auf Xylophonen, Klaviertasten oder Gitarren können dabei helfen.
- **Musik umsetzen:** Die gezielte Bewegung beim Tanzen ermöglicht Schülern mit eingeschränktem Sehvermögen, ihren Körper und den Raum in seiner Größe und sonstigen Eigenarten zu erfahren. Hier können die Mitschüler, etwa bei achtsamen Partnerübungen, einbezogen werden und zur Vertrauensbildung beitragen. Bewegungsabfolgen sollten kleinschrittig verbalisiert und spürbar gemacht werden.

Schüler mit starken Sehbeeinträchtigungen können ihre eigenen Bewegungen nur unzureichend mit denen der Mitschüler abgleichen. Das eigene Erspüren von Bewegungen oder Körperhaltungen kann mithilfe von Methoden aus der szenischen Interpretation (z. B. dem Standbildbauen) erfolgen.

3.9 Migration

Die vielfältigen gesellschaftlichen Veränderungsprozesse, z. B. durch Globalisierung, Flucht und Migration, sind auch in der Institution Schule sichtbar. Verschiedene Kulturen und kulturell beeinflusste Lebenswelten treffen mit ihren jeweiligen Traditionen, Leitvorstellungen und Lebensweisen klassenintern und klassenübergreifend aufeinander. Dies kann einerseits zu einer Bereicherung des Unterrichts und des Schullebens führen, andererseits eine große Herausforderung für Lehrer und Schüler bedeuten, wenn es z. B. darum geht, sich anderen Kulturen gegenüber offen, interessiert, tolerant und wertschätzend zu verhalten.

Dies kann besonders im Musikunterricht relevant werden, da Musik ein zentrales kulturelles Merkmal darstellt und die Identifikation mit Musik kulturabhängig von hoher Bedeutung sein kann.

Konsequenzen für den Musikunterricht

Musik kann für Schüler mit und ohne Migrationshintergrund sehr wichtig sein. Sie ist Teil und Ausdruck der spezifischen Kultur, ermöglicht Identifikation und sozialisiert Schüler untereinander, zunächst unabhängig davon, ob sie dieselbe Herkunft aufweisen. Gerade wegen der hohen subjektiven Bedeutung von Musik für Jugendliche ist der Umgang mit dem „Fremden" und „Andersartigen" jedoch nicht unproblematisch.

Abfällige Äußerungen der Mitschüler über unbekannte oder ungewohnte Instrumente, über fremdsprachige Texte oder kultur- und stiltypische Besonderheiten in der Musik können zu persönlichen Verletzungen oder gar Ausgrenzung und Stigmatisierung führen.

Dem inklusiven Musikunterricht kommt im Umgang mit dem „Fremden" und „Unbekannten" eine verbindende Funktion zu. Er soll Verständnis, Toleranz, Interesse und Wertschätzung wecken und die jeweiligen Musiken als spannendes und bereicherndes Element einer globalisierten Musikkultur verstehen.

- **Musik machen/Musik erfinden:** Im Bereich des Singens stellen sich Herausforderungen – abgesehen vom Stimmbruch – besonders beim Umgang mit fremdsprachigen Texten, Rhythmen, Melodienverläufen und Taktarten. In vielen Kulturen genießt das Singen einen hohen Stellenwert, dagegen wird hierzulande häufig das immer seltenere häusliche Singen und Musizieren beklagt. Von daher können Jugendliche mit Migrationshintergrund eine Vorbildfunktion hinsichtlich Repertoirekenntnis und Singverhalten einnehmen.

Beim instrumentalen Musizieren können ungerade Taktarten sowie komplexere Rhythmen und Melodieverläufe Schwierigkeiten bereiten. In beiden Fällen helfen Schülerexperten, die den Unterricht in Teilen übernehmen und bei der gesamtkulturellen Einordnung, bei der Aussprache, dem Textverständnis oder hinsichtlich der rhythmisch-melodischen Gestaltung helfen. Evtl. können sie auch besondere Instrumente in den Unterricht mitbringen, dort vorstellen und vorspielen.

Da manche Tonsysteme (z. B. Pentatonik) für das gemeinsame Musizieren viele Vorteile aufweisen, liegen hier nicht nur Schwierigkeiten, sondern auch Potenziale für das Musizieren in der Klasse. Dies gilt auch für die starke rhythmische Komponente zahlreicher Musikkulturen; sie legt den (improvisatorischen) Einsatz von vielfältigen Percussionsinstrumenten nahe und ermöglicht körperlich-sinnliche Erfahrungen von Groove und Flow.

- **Musik hören:** Viele Schüler sind allgegenwärtig mit Musik konfrontiert, jedoch besteht das Musikangebot nur aus einer spärlichen Bandbreite mit großen Ähnlichkeiten in der Soundgestaltung. Vor diesem Hintergrund stellen fremdländische Klänge z. T. eine große Herausforderung dar. Zur Eingewöhnung bieten sich erst einmal mehrere Hördurchgänge mit offenem emotionalen und assoziativen Zugang an, bevor sukzessive auf Details der Hörerschließung eingegangen wird.

  Zur Auswahl und zum Verständnis der Musik können die Schüler thematisch passend als Experten beitragen. Sie sollen angehalten werden, Urteile auf der Sach-Ebene zu fällen und beschreibend und vergleichend statt mit wertenden Äußerungen auf die gehörte Musik einzugehen, etwa im Rahmen einer Klassenhitparade.

- **Musik umsetzen:** Bewegung und Tanz spielen in manchen Kulturen eine weitaus gewichtigere Rolle als in der abendländischen Musikkultur. Vor allem während der Pubertät ist es nicht einfach, Schüler im Unterricht an den körperlichen Umgang mit Musik heranzuführen.

  Helfen kann eine sensible Heranführung der Schüler über häufig wiederkehrende, kleine und kleinräumige Bewegungselemente, die sukzessive und möglichst unmerklich im „Übeflow" zu größeren Formen ausgeweitet werden. Die

Vermittlung von Bewegungs- und Tanzformen anderer Kulturen bietet aufgrund der Vielzahl an spielerischen, klein- und großräumigen Formen einen riesigen Ideenfundus. Auch hier können Schüler mit Migrationshintergrund als authentische Experten eingesetzt werden.

- **Über Musik nachdenken:** Um Verständnis für ihre Musik zu wecken, können Schüler die Musik ihres Herkunftslandes vorstellen, beschreiben und erklären. Dabei können sie geografisches, gesellschaftliches, politisches, religiöses etc. Wissen einfließen lassen – soweit sie darüber verfügen –, um ein möglichst umfassendes Bild von der eigenen Kultur zu vermitteln. Diese authentischen Einblicke in fremde (Musik-)Kulturen, zumal wenn sie von den Schülern selbst und nicht durch den Lehrer vermittelt werden, können Nähe schaffen und zum Abbau von Vorurteilen und Distanzen beitragen.

3.10 Religion/Ethik

Aufgrund der bereits genannten gesellschaftlichen Umbruchsprozesse kommt es nicht nur zu einem Nebeneinander verschiedener (Musik-)Kulturen, sondern auch von religiösen und ethischen Einstellungen und Überzeugungen. Diese werden dann im Musikunterricht relevant, wenn eigene persönliche Bezüge und Haltungen berührt werden. Dies kann etwa bei der konkreten Behandlung religiöser Musik geschehen, indirekt bei der Thematisierung einer Musikkultur mit religiösen Ausprägungen oder bei ethisch-religiösen Fragen in Bezug auf das aktuelle Musikleben bzw. bei Liedtexten.

Konsequenzen für den Musikunterricht

Musik ist über Jahrtausende hinweg z. T. intensiv mit religiöser Praxis verbunden. Der eigene Glauben oder ethische Überzeugungen, z.B. in Bezug auf Genderfragen oder Körperlichkeit, können in spezifischen musikalischen Ausprägungen unterrichtsrelevant werden.

Dies kann bei der Thematisierung von Künstler-/Komponistenbiografien und ihren Werke geschehen (z.B. J.S. Bach, kirchliche Musik des Barock, Xavier Naidoo), bei der Liederarbeitung (z.B. Eric Clapton: „Tears in heaven", AC/DC: „Highway to hell"), bei der Auseinandersetzung mit spezifischen Themen zu Rhythmus oder Stimme (z.B. Obertongesang, Kehlgesang, meditativer Gesang, rituelles Trommeln in afrikanischen/östlichen Religionen), bei der unmittelbaren Auseinandersetzung mit dem Thema „Musik und Religion" oder bei der direkten oder indirekten Thematisierung ethischer Fragen.

Daher sollte die Lehrkraft gerade im inklusiven Musikunterricht sehr bewusst und sensibel mit religiösen oder religionsbezogenen Themen umgehen, um alle Schüler, unabhängig von ihrer ethischen oder glaubensbezogenen Überzeugung, gleichwertig, verständnis- und respektvoll in den Unterricht einzubeziehen.

- **Musik hören:** Das Musikhören kann sich im Bereich religiöser oder religionsbezogener Musik für einzelne Schüler als sehr anstrengend und herausfordernd darstellen, wenn hierbei eigene Überzeugungen, auch Hörgewohnheiten und musikalische Praktiken (z.B. bei Fantasiereisen oder Meditationen) berührt werden. Sofern ein Appell an die Schüler nicht ausreicht, sich auch anderen Klängen, Denkweisen, Haltungen und musikalischen Umgangsweisen zumindest auf der Sachebene zuzuwenden und sich gegenüber den Mitschülern respektvoll und tolerant zu verhalten, kann den individuellen Überzeugungen auch verbal oder schriftlich Raum gegeben oder aus Rücksicht auf alternative Hörbeispiele zurückgegriffen werden.
- **Musik machen/Musik umsetzen:** Das Singen religiöser, religionsbezogener oder ethisch relevanter Lieder und Songs im Musikunterricht kann sich dann problematisch gestalten, wenn Textaussagen normativ sind und den Persönlichkeitsraum einzelner Schüler berühren. Zu klären ist vorab, ob das Singen dieser Lieder zielführend und sinnvoll ist und ob bestimmte inhaltliche Problempotenziale abgefangen werden können (z.B. durch freiwillige Textauslassungen).

  Das Musikmachen (z.B. bei der Nachahmung rituellen Trommelns oder Tanzens oder bei Meditationen) erfordert entsprechende Offenheit und Bereitschaft bei den Schülern sowie eine sensible Rahmung der Unterrichtssituation durch den Lehrer. Bei extremen Haltungen sollte aus Respekt vor den individuellen Überzeugungen im Musikunterricht ggf. auf das religiös oder ethisch motivierte bzw. konnotierte Singen, Musizieren und Tanzen verzichtet werden.
- **Über Musik nachdenken:** Beim Nachdenken über Musik sollte die Gleichwertigkeit verschiedener ethischer und glaubensbezogener Überzeugungen im Vordergrund stehen und der Blick auf die intendierten bzw. resultierenden musikalischen Wirkungen gerichtet werden. Wenn es die Unterrichtssituation erfordert oder die Schüler es explizit verlangen, kann und sollte ein Unter-

richtsgegenstand aus Sicht verschiedener Glaubensrichtungen und ethischer Haltungen zur Förderung von Verständnis und Toleranz erörtert und kommentiert werden. Dies sollte stets wertfrei geschehen. Bei extremen Widerständen einzelner Schüler gegen ein bestimmtes Thema können evtl. Alternativen vereinbart werden, die weniger in den Persönlichkeitsraum der einzelnen Schüler dringen.

3.11 Sozialer Status

Dass der soziale Status häufig den Bildungserfolg mitbestimmt, zeigt sich im Fach Musik. So nehmen Schüler aus wohlhabenderen Familien häufiger Instrumental-/Vokalunterricht wahr, haben eher Zugang zu einem breiteren Musikspektrum, zu Live-Konzerten sowie zu musikalischen Fördermaßnahmen und verfügen meist über eigene Instrumente. Zwar nutzen Schüler aus unteren sozialen Schichten ebenfalls häufig elektronische Medien zum Musikhören, jedoch seltener musikspezifische Computer-Software wie Apps mit musikalischen Lernprogrammen, kreative Gestaltungs- sowie Übungsprogramme.

Konsequenzen für den Musikunterricht

Inklusiver Musikunterricht richtet sich an alle Schüler – unabhängig von ihrer sozialen Herkunft. Er ist so angelegt, dass alle Schüler möglichst gleiche Bildungschancen haben und bevorzugt somit weder diejenigen, die aufgrund ihrer sozialen Herkunft ein Höchstmaß an musikalischer Förderung erhalten, noch diskriminiert er diejenigen, die musikalisch gar nicht gefördert werden. Um soziale Barrieren zu überwinden, braucht man zunächst eine gute Ausstattung an Instrumenten und Medien für alle Schüler, die ggf. ausleihbar sind und von kostenlosen oder sehr günstigen musikalischen Förderangeboten flankiert werden. Auch in Bezug auf den Besuch von Live-Konzerten dürfen soziale Unterschiede nicht ausschlaggebend sein. Mit Hilfe des Elternbeirats, der Schulleitung oder sonstiger Unterstützungssysteme sollten auch Schüler aus sozial schwachen Verhältnissen Zugang zu Konzerten bekommen.

Innerhalb des Unterrichts ist eine möglichst große musikalische Bandbreite zu vermitteln, sodass alle Schüler unabhängig von ihrer Schichtzugehörigkeit die Möglichkeit zu umfassender musikalischer Bildung haben.

- **Musik machen:** Alle Schüler sollten im inklusiven Musikunterricht vielfältige Gelegenheiten zum Instrumentalspiel erhalten. Gerade für Jugendliche ohne

Instrumentalerfahrung können musikalische Primärerfahrungen an Instrumenten zu besonderen Erlebnissen werden, die sie auch zur außerschulischen Beschäftigung mit Instrumenten motivieren können. Schulische Angebote für kostenlosen oder sehr günstigen Instrumental- und Vokalunterricht, z. B. in Form von Musikklassen oder Wahlunterricht, machen es auch für Schüler aus sozial schwachen Verhältnissen möglich, weiterführende musikalische Kompetenzen zu erwerben.

Die Aufgabenstellungen im Musikunterricht sollten die jeweiligen sozialen Lebenssituationen der Jugendlichen im Blick behalten und die soziale Schere nicht weiter auseinander klaffen lassen. Aufgaben, die nur mit einem eigenen Computer oder Tablet-PC bearbeitet werden können, sind zu streichen. Alternativ können von schulischer Seite notwendige Medien zur Ausleihe oder zur kostenlosen Nutzung vor Ort zur Verfügung gestellt werden.

- **Musik hören/über Musik nachdenken:** Schüler aus sozial schwachen Verhältnissen präferieren aufgrund ihres Umfelds, der Lebensgewohnheiten und der Finanzsituation häufig ein recht einseitiges Musikangebot im Bereich der Populären Musik. Sie nutzen kaum den Zugang zu vielfältigen Online-Medieninhalten, die nahezu sämtliche Arten von Musik einschließen. Die Hörgewohnheiten prägen den individuellen (engen) Musikbegriff und das Denken über Musik.

Hier kommt gerade dem inklusiven Musikunterricht eine wichtige Bedeutung zu. Über eine ausdifferenzierte Musikauswahl und unterschiedliche Zugänge kann bei allen Schülern das Interesse für die Vielfalt von Musik geweckt und verstärkt werden, gleichzeitig lassen sich intolerante Haltungen und Vorurteile zugunsten eines umfänglicheren Musikbegriffs abbauen, der die Teilhabe an kultureller Vielfalt ermöglicht. Über die Hörinhalte und die Reflexion hinaus liegt ein besonderer Fokus auf dem Hörverhalten. An die Stelle des vorherrschenden unbewussten Musikkonsums soll ein bewusstes Hörverhalten treten, das Jugendliche auch mit Musik konfrontiert, die nicht ihrem Lebensabschnitt entspricht.

3.12 Vorerfahrungen/musikalische Heterogenität

Musik genießt bei Jugendlichen einen hohen Stellenwert im Rahmen der Freizeitgestaltung. Die unterschiedlichsten Formen gezielter musikalischer Förderung werden von einer Vielzahl an Interessen und musikalischen Präferenzen flankiert, die sich nicht nur musikspezifisch äußern (z. B. Vorliebe für HipHop), sondern auch mit inneren Überzeugungen, Verhaltens- und Sprachcodes etc. einhergehen.

Zu den außerschulischen Musikaktivitäten zählen neben dem Musikhören

- der Instrumental-/Vokalunterricht,
- das Ensemblespiel bzw. Chorsingen,
- Besuche in Konzerthäusern, Opern, Theatern oder Clubs,
- das Musizieren in der Familie,
- die Beschäftigung mit Musik am Computer,
- das DJing,
- Festivalbesuche etc.

Diese Aktivitäten sind häufig von der finanziellen und sozialen Situation der Familie abhängig, da sie mit z. T. hohen Kosten verbunden sind.

Konsequenzen für den Musikunterricht

Musikunterricht beinhaltet – wie oben angedeutet – einen fachspezifischen Diversitätsaspekt. Er erfordert eine grundsätzliche Differenzierung hinsichtlich des **Anspruchsniveaus und der Zugangsweisen**, um möglichst allen Schülern einen gleichwertigen Zugang zum Fach Musik zu ermöglichen.

- **Musik machen:** Das **aktive Musizieren** mit Schülern, die über unterschiedliche instrumentale Vorerfahrungen verfügen, lässt sich am besten durch die Differenzierung von Instrumental- und Rhythmusstimmen realisieren, die auf den individuellen Lernstand der Jugendlichen anwendbar sind. Ebenso denkbar sind Soloparts oder eigene Kompositionen von Schülern als Differenzierungsmittel. Anstatt sich an den unteren Lernstandniveaus zu orientieren, sollten alle Lernstände im Blick behalten werden.
In den Fächern Deutsch und Mathematik hat sich ein dreifach-differenziertes Angebot vielerorts durchgesetzt. Auch im Musikunterricht sollten differenzierte Lernmöglichkeiten und offene Unterrichtsformen vermehrt Einzug finden.

- **Musik reflektieren:** Eine große Diskrepanz lässt sich häufig in Bereich Notenlehre feststellen. Hier bietet sich ein handlungsorientierter Umgang mit Notationen auf unterschiedlichen Niveaustufen an. Übergangsweise kann auch auf alternative oder vereinfachte Notationen zurückgegriffen werden, um alle Schüler am Instrumentalspiel teilhaben zu lassen. Bei entsprechender Differenzierung arbeitet jeder Schüler mit einer individuell abgestimmten Notationsform. Die Notwendigkeit und Sinnhaftigkeit der traditionellen Notenschrift sollte durch die praktische Anwendung im Musikunterricht vergegenwärtigt werden. Lernen an Stationen, Partnerübungen und Lernspiele sowie differenzierte Arbeitsblätter unterstützen das Üben und Erlernen der Notenschrift.

3.13 Hochbegabung

Zur musikalischen Hochbegabung gehört ein ganzes Bündel an überdurchschnittlich ausgeprägten Einzelmerkmalen wie hohe musikalische Sensibilität, Erlebnis- und Denkfähigkeit, frühzeitige und ungewöhnliche Leistungen auf dem Gebiet der Musik, schnelles Lernen, hohe Motivation und Hingabe, starkes Konzentrationsvermögen und Ausdauer (vgl. GEMBRIS 2005).

Hochbegabungen sind ebenso selten wie sehr schwache musikalische Begabungen (Extremfall: Amusie). Hochbegabte können im Unterricht nicht nur durch besondere Leistungen auffallen, sondern auch durch störendes Verhalten aufgrund von Langeweile und Unterforderung, das von Passivität und Lernverweigerung bis hin zu Provokation und Aggression reichen kann. Wurde die Hochbegabung erkannt, empfinden sich die Schüler bisweilen selbst in zu starkem Maße als etwas „Außergewöhnliches" und haben Schwierigkeiten, sich in die Klassengemeinschaft zu integrieren.

Konsequenzen für den Musikunterricht

Analog zu den Diversitätsaspekten *Vorerfahrungen/musikalische Heterogenität*, *Lernen* und *Geistige Entwicklung* stellt das **Anspruchsniveau** auch bei der Hochbegabung den wesentlichen Heterogenitätsfaktor dar.

- **Musik machen:** Damit sich auch hochbegabte Schüler als Teil der Gemeinschaft empfinden, reichen komplexe Instrumentalstimmen oder Soloparts beim **gemeinsamen Musizieren** nicht aus. Abseits dieser Maßnahmen können sie z.B. bei der Einführung neuer Inhalte oder in Übephasen in die Lehrerrolle schlüpfen oder das Klassenmusizieren anleiten. Dabei übernehmen sie nicht nur Verantwortung für sich selbst, sondern für die gesamte Klasse. Diese Zeit kann die Lehrperson nutzen, um andere Schüler zu fördern.
- **Musik erfinden:** Schüler mit besonderer Begabung können sich hier frei entfalten und ihre Ergebnisse – wie die anderen Schüler – der Klasse präsentie-

ren. Dies kann eine eigene **Komposition** nach Vorgabe einer Form (Rondo) sein oder das Erfinden von **Übungs- oder Quizaufgaben** für die Mitschüler.

3.14 Geschlecht

Die Auseinandersetzung mit verschiedenen Geschlechterrollen in der Schule hat eine längere Tradition. Sie umfasst grundsätzliche Fragen der Koedukation bzw. Geschlechtertrennung nach Schulformen (z.B. Mädchen-Realschule, Jungen-Internatsschule), nach Fächern (z.B. Sport, Naturwissenschaften) und auch innerhalb von Fächern (z.B. Musik). Diskutiert wird, ob und ggf. wie sich das Geschlecht auf das Verhalten, auf Interessen, auf Leistungen, Lernvoraussetzungen etc. auswirkt.

Die generelle Trennung zwischen „Mann" und „Frau" erhält durch aktuelle Debatten um Metro-, Inter-, Homosexualität oder Transgender neue Impulse, die nicht vor der Schule halt machen. Gerade im Musikunterricht spielen diese Debatten, abgesehen vom eigenen Geschlecht, auch im Hinblick auf Künstlerpersönlichkeiten eine große Rolle.

Konsequenzen für den Musikunterricht

Gender-Fragen haben in der Musikgeschichte – bereits vor ihrer begrifflich-theoretischen Modellierung – eine lange Tradition, beispielsweise im Hinblick auf das Verhältnis männlicher und weiblicher Musiker/innen bzw. Komponisten/innen. Im schulischen Musikunterricht sowie in Lehrmaterialien werden heute noch überwiegend männliche Musiker- und Komponistenpersönlichkeiten behandelt. Mit der Geschlechts- und Rollenproblematik von Jungen und Mädchen im Musikunterricht setzt sich u.a. ANDREAS LEHMANN-WERMSER (2002) umfangreich auseinander.

Auf der Basis einer detaillierten Analyse ausgewählter historischer und aktueller Gender-Aspekte der Musikdidaktik und des schulischen Musikunterrichts fasst er wie folgt zusammen: „So sicher, wie es ist, dass Mädchen oft an der Entfaltung reicher und vielfältiger Lebensentwürfe gehindert werden, so sicher ist es, dass Jungen in ihrer Entwicklung auf andere spezifische Behinderungen treffen: Ihre alternativen Möglichkeiten musikalischen Verhaltens im Kleinen und in der Entwicklung von (auch musikalischen) Identitäten im Großen scheinen beschränkter als die der Mädchen; die Schule, die unzweifelhaft Mädchen behindert, fördert auch Jungen nicht optimal in ihren Stärken und Defiziten; die

Musikdidaktik und mit ihr der Musikunterricht nehmen die geschlechtsspezifischen Formen musikbezogener Erfahrung kaum zur Kenntnis und können Differenzen weder thematisieren noch produktiv machen." (ebd. S. 16)

Daher bedarf es der geschlechtsdifferenten Wahrnehmung und Berücksichtigung von Lernvoraussetzungen auf Schülerseite sowie einer ständigen Selbstreflexion der Lehrkraft hinsichtlich eigener Umgangsmuster im Hinblick auf das Geschlecht (z.B. Umgangston, Benotung, vermutete Interessen und Eigenschaften, Unterrichtsinhalte, Liedauswahl).

Der Rolle des Geschlechts im inklusiven Musikunterricht wird von Lehrkräften oft keine große Bedeutung zugeschrieben. In einigen Lernbereichen des Faches Musik mag eine geringe Divergenz in diesem Aspekt zutreffen, allerdings finden sich vor allem beim **aktiven Musizieren** besondere Anforderungen. Auch die Komponenten **Musikinteresse** sowie die **Vorlieben** von Inhalten des Musikunterrichts sind häufig geschlechtsspezifisch.

- **Musik machen:** Geschlechtsspezifische Unterschiede der körperlichen Entwicklung machen sich vor allem bei der **Stimmbildung** bemerkbar: die verschiedenen Stimmlagen, der Tonumfang und der Einsatz des Stimmbruchs bei den Jungen müssen bei der Liederarbeitung berücksichtigt werden. Hier bieten sich mehrstimmige Arrangements an, die den einzelnen Tonlagen zugutekommen.
- **Musik umsetzen:** Das abgrenzende Rollenverhalten, das in der Sekundarstufe I zunehmend an Bedeutung gewinnt, wird bei Unterrichtsinhalten wie Tanz und szenisches Spiel relevant. Hier kommen gesellschaftlich geprägte Geschlechtsstereotypen zum Tragen und sollten bei der Wahl der Rollen oder in Tanzchoreografien berücksichtigt werden.

3.15 Kombinierte Einschränkungen

Schüler mit einer schweren Mehrfachbehinderung sind in verschiedenen Bereichen eingeschränkt. Neben der geistigen Entwicklung sind oft auch die Sinnesorgane, die motorische und die sprachliche Entwicklung betroffen. Ursachen für eine schwere Mehrfachbehinderung stellen – ähnlich wie bei der geistigen Entwicklung – hauptsächlich genetische Defekte, Unfälle und Komplikationen unter der Geburt dar. Kommunikation ist teilweise nur über die Atem- oder Pulsfrequenz möglich. Retardierende Krankheitsbilder münden oft in einer schweren Mehrfachbehinderung oder führen in früher Kindheit zum Tod.

Die soziale Einbindung in die Klasse muss von den Lehrpersonen je nach Fall in besonderem Maße begleitet und angeleitet werden. Ein Beispiel hierfür sind wöchentliche Hilfspatenschaften durch Mitschüler, die sich mit Hilfe der Einzelfallhelferin um die Schüler mit schwerer Mehrfachbehinderung kümmern und sie in kooperativen Projekten unterstützen. Durch diesen engen Kontakt übernehmen die Mitschüler Verantwortung und beziehen Schüler mit schwerer Behinderung aktiv in die Klassengemeinschaft ein. Generell gilt, dass so viel Gemeinsamkeit wie möglich und so viel Individualität wie nötig entstehen kann.

Konsequenzen für den Musikunterricht

Bisweilen wirkt das Bemühen, Schüler mit einer schweren Mehrfachbehinderung in den Musikunterricht miteinzubeziehen, verkrampft und allzu ehrgeizig. Dies erscheint unnötig, da die **Wahrnehmung** von visuellen, taktilen und auditiven Reizen auf einer basal-perzeptiven Ebene im Vordergrund steht.

Ein Gefühl der Zugehörigkeit sowie gemeinsames Erleben lassen sich im Musikunterricht wesentlich besser umsetzen als in anderen, vorwiegend kognitiv ausgerichteten Fächern wie Mathematik oder Deutsch. Schon die Wahrnehmung der anderen Schüler oder von Klängen im Raum führen zu basalen Wahrnehmungserfahrungen.

- **Musik machen:** Das Spiel auf Instrumenten erfolgt im Rahmen des Möglichen durch das Führen der Hände oder durch das Vorspielen in unmittelbarer Nähe, sodass Hautkontakt zum Instrument entsteht und Vibrationen gespürt werden können. Insgesamt sollte allerdings der Grundsatz des eigenen Willens gewahrt bleiben. Der Schüler bestimmt im Rahmen seiner Ausdrucksmöglichkeiten, wie viel Teilhabe am Unterrichtsgeschehen gewollt ist. Inklusion darf nicht erzwungen werden, ansonsten ist der Anspruch des Konstrukts Inklusion verfehlt.

- **Musik reflektieren:** Ein inklusiver Unterricht stößt hier sicherlich an seine Grenzen, da ein Austausch auf kognitiver Ebene und eine Aneignung einfacher theoretischer Muster nur schwer zu erreichen ist. Gängige musikalische Parameter und Prinzipien wie Dynamik, Harmonie, Tempo, Entspannung und Anspannung etc. können jedoch von den betroffenen Schülern empfunden und Behagen und Unbehagen ausgedrückt werden.

4.1 Stunden- und Unterrichtseinstiege

Jede unterrichtliche Situation beinhaltet neben Phasen der Erarbeitung, Vertiefung und Sicherung mit Aufgaben zum Wissenserwerb, zum Transfer, zur Übung und zur Wiederholung und Festigung auch einen **Einstieg**. Dieser Einstieg kann von entscheidender Bedeutung für den weiteren Verlauf der Unterrichtseinheit sein. Vergleichbar ist das mit einem Schachspiel, bei dem der erste Zug bzw. die ersten Züge über das Gelingen oder Scheitern der Partie entscheiden können. Bereits mit dem Betreten des Klassenzimmers ist die **Einstiegssituation** eröffnet, in der Einstellungen und bestimmte Verhaltensweisen auf Schüler- und Lehrerseite relevant werden. Schon vor der Begrüßung registrieren die Beteiligten des Unterrichts Mimik und Gestik, Kleidung und Aussehen, Energien und Stimmungen des Gegenübers, die auf verschiedenen Kommunikationsebenen zum Tragen kommen.

Inklusiver Unterricht unterliegt in dieser Phase insofern besonderen Bedingungen, als Schüler mit herausfordernden Verhaltensmustern „diszipliniert" werden müssen, für Schüler mit körperlichen Beeinträchtigungen (z. B. Rollstuhlfahrer) erst raumorganisatorische Vorbereitungen anstehen, Schüler mit Einschränkungen des Hörens oder Sehens spezifische Unterrichtshilfen brauchen etc.

Mit der gemeinsamen **Begrüßung** wird die eigentliche Stunde eingeleitet, auch hier sind der Tonfall, die Präsenz, die Körperhaltung, die Motivation, die Offenheit etc. des Lehrers für die Schüler spürbar – umgekehrt entwickelt der Lehrer schnell ein Gefühl für die aktuelle Verfassung Einzelner, bestimmter Gruppen oder der ganzen Klasse.

Zwar gilt das bisher Genannte für alle Fächer, dennoch weist das Fach Musik – je nach schulischer Situation – mehr oder weniger besondere **fachspezifische Besonderheiten** auf. Dazu gehört z. B., dass

- die Schüler in der Regel einen Fachraum betreten,
- die Sitzordnung anders ist als im gewohnten Klassenzimmer,
- der Musiklehrer auf Ruhe und Konzentration bedacht ist, die Schüler jedoch aktiv Musik machen oder hören wollen,
- der Fachraum mit vielen reizvollen Instrumenten und Materialien ausstaffiert ist,
- die Erwartungshaltung von Lehrern und Schülern aufgrund der engen Verbindung von Musik und Persönlichem besonders ausgeprägt und heterogen ist,

- Musikpräferenzen einen großen Einfluss haben können und
- sich Diversitätsfaktoren in besonderer Weise auf den Unterricht auswirken können.

Durch den Ortswechsel kommen die Schüler mit einer natürlichen Dynamik in den Fachraum. Sie müssen sich erst auf das Fach, den Lehrer und den Raum einstellen, ihre Eindrücke hinsichtlich bereit gestellter Instrumente, aufgehängter Plakate, interessanter Unterrichtsmaterialien und anderer Raumbesonderheiten ordnen etc. All diese Faktoren gehören neben der Raumatmosphäre, der Position und Zuwendung des Lehrers mit zur Einstiegssituation, die Erwartungen schürt oder verwirft, motiviert oder demotiviert, erfreut oder enttäuscht, Neugier auslöst etc. Kurzum: Sie betreffen den Anfang des Unterrichts noch lange vor seinem eigentlichen Beginn.

Diese Umstände sollten dem Lehrer bewusst sein, um die alltägliche Praxis, die Raumorganisation, das eigene Auftreten, die Hinwendung zu den eintretenden Schülern etc. zu reflektieren und diese Vorphase möglichst unter Berücksichtigung aller Schüler optimal zu gestalten.

Zu den Funktionen von Unterrichtseinstiegen, die mit Zielen, Inhalten und Methoden der Unterrichtseinheit korrespondieren, zählen:

- die innerliche Einstimmung auf das Fach, ggf. in Verbindung mit organisatorischen Ansagen und pädagogischen Maßnahmen,
- die Information der Schüler über Stundenaufbau, Inhalt, Zielsetzung,
- die thematische Hinführung und Vorbereitung der Unterrichtsstunde,
- die Neugier und das Interesse seitens der Schüler,
- eine Fragehaltung und problemlösendes Denken bei den Schülern,
- die Klärung von Vorwissen,
- die Beteiligung der Schüler an der Stundenplanung und -gestaltung,
- die Wiederholung und Übung.

Zu unterscheiden sind **Unterrichtseinstiege**, die in ein neues Thema einführen, das sich über mehrere Stunden erstrecken kann, von **Stundeneinstiegen**, die sich als Stundeneröffnung nur auf eine einzelne Unterrichtsstunde beziehen.

Für die Gestaltung von Unterrichtseinstiegen im Fach Musik gibt es zahlreiche Möglichkeiten (vgl. Raab 2014, Eberhard 2015). Gerade im inklusiven Unterricht kommt einem bewusst gestalteten Unterrichts-/Stundeneinstieg eine besondere Bedeutung zu. Je nach Förderbedarf müssen Einstiege eher kurz, anschaulich und handlungsorientiert gestaltet sein, ggf. Übung und Wiederholung vorsehen, klar strukturiert und zielführend konzipiert sein, ritualisiert verlaufen etc.

Um die Schüler über den weiteren Ablauf zu informieren, bietet sich neben der verbalen Information der Einsatz von Piktogrammen oder Bildern an, die auch an späterer Stelle des Unterrichts eingesetzt und miteinander kombiniert werden können (siehe Kopiervorlage S. 74; weitere Bildkarten zum Unterricht können Sie leicht nach diesem Muster selbst erstellen).

4.2 Der ideale Musikraum

Ein idealer Musikraum, der auf möglichst viele Diversitätsfaktoren Bezug nimmt, zeichnet sich durch ein großzügiges Platzangebot und weitere förderliche Faktoren aus. Einige Maßnahmen lassen sich kurzfristig umsetzen und kommen allen Schülern und Musiklehrern zugute, da ein inklusiver Musikraum immer auch ein funktionaler, gut strukturierter und ordentlicher Raum ist, der Platz für Entfaltung bietet und ein selbstständiges Auf- und Abbauen durch die Schüler möglich macht. In diesem Sinne trägt eine wohlüberlegte Raumorganisation auch entscheidend zur effektiven Nutzung von Unterrichtszeit bei.

Akustik und Lichtverhältnisse

Aufgrund der Vielzahl von Geräuschen und Klängen, die im Musikunterricht phasenweise gleichzeitig entstehen, ist ein Raum mit hohem Hallanteil für alle Schüler, vor allem jedoch mit Blick auf die Förderschwerpunkte *Hören* und *Sehen*, hochproblematisch. Durch das Verlegen eines Teppichbodens, durch schallschluckende Deckenplatten, Vorhänge und Jalousien kann eine weitgehend trockene Akustik hergestellt werden, durch die diffuser Hall vermieden und gleichzeitig Störgeräusche, etwa durch das Rücken von Stühlen sowie durch das Laufen und Bewegen im Raum, minimiert werden.

Für die beiden genannten Förderschwerpunkte sind gute Lichtverhältnisse wichtig, damit Schüler mit Einschränkungen des Sehens ihre Sehreste nutzen können. Schüler mit dem Förderschwerpunkt *Hören* werden umgekehrt dabei unterstützt, Mundbilder abzulesen und sich mit dem Sehsinn gut im Raum zu orientieren. Der Musikraum sollte darum große Fensterfronten mit ausreichendem Tageslichteinfall sowie eine gute Raumausleuchtung mit Lampen haben.

Piktogramme für Unterrichtsphasen

Übephase 	**Portfolio-Arbeit** 
Stillarbeit 	**Lernen/Üben im Tandem** 
Gemeinsames Singen 	**Bandspiel** 
Musizieren mit Boomwhackers 	**Musizieren mit Orff-Instrumentarium** 
Tanzen 	**Zuhören** 

Raumstruktur

Ein großer, gut strukturierter Raum kommt vor allem Schülern mit den Förderschwerpunkten *Sehen*, *Motorische Entwicklung* und *Verhalten* zugute. Bei ausreichenden Platzverhältnissen kann man den Raum in eine Bewegungszone und eine Stillarbeitszone mit Tischen und Stühlen untergliedern. Nach Möglichkeit sollte für die Schüler mit herausforderndem Verhalten eine Ruheecke eingerichtet werden. Sofern die Aufsicht weiterhin gewährleistet ist, kann die Ruheecke für Unterrichtsphasen mit hoher Lautstärke auch in einen angrenzenden Nebenraum ausgelagert werden, um Reizreduzierung und Ruheempfinden zu unterstützen. Zusätzlich bzw. alternativ unterstützen bereitgelegte Schallschutzkopfhörer in den Ruheecken eine gewisse Auszeit von Geräuschen und Klängen.

Ausreichend breite und klar definierte Wege zwischen dem Mobiliar ermöglichen ein barrierefreies, problemloses Durchqueren des Raumes, nicht nur für Schüler mit Einschränkungen in der Motorik.

Regale, Schränke und große Instrumente entlang der Wände des Unterrichtsraums gewährleisten ein ungefährliches und großräumiges Bewegen im Raum.

Ordnung

Ein gut geordneter Musikraum zeigt klare Strukturen, Sortiersysteme und eine zweckdienliche Handhabbarkeit. Um alle Schüler am Ordnungssystem teilhaben zu lassen, sollte die Beschriftung in Wort und Bild sowie ggf. in Brailleschrift erfolgen. So können auch Schüler mit starken Einschränkungen des Sehens oder ohne Lesefähigkeit am Auf- und Abbau teilnehmen.

Eine gute Handbarkeit ist gerade für Schüler mit motorischen Einschränkungen von besonderer Bedeutung. Häufig benötigte Instrumente und Materialien sollten daher schnell und gut erreichbar positioniert werden. Seltener gebrauchte Materialien können in höher und weiter entfernt gelegenen Schränken und Fächern verstaut werden.

Für schwere und große Instrumente samt Zubehör (z.B. Xylophone, E-Piano, Verstärker) empfiehlt es sich, diese mit Rollen bzw. Rollbrettern zu versehen, sodass sie mit wenig Kraftaufwand durch den Raum bewegt werden können. Für kleinere Gegenstände eignen sich als Ordnungssystem Plastikkisten (evtl. farblich unterschiedlich), die gegenüber Holzkisten erhebliche Gewichtsvorteile haben.

Verschließbare Schränke sorgen für Ordnung und einen geringen Aufforderungscharakter für das (ungewollte) Anfassen und Probieren. Hier können wertvollere Instrumente und Zubehör (z. B. Mikrofone, Effektgeräte) gelagert werden. Weitere Ordnungsprinzipien, die einen inklusiven, gefahrfreien und leicht zu reinigenden Musikraum befördern, können sein:

- Notenständer werden aufgeklappt und aneinandergereiht an Wandhaken aufgehängt,
- Kabel werden eingerollt und gesichert (z. B. durch Klettverschluss) an Wandhaken oder auf Kabeltrommeln aufbewahrt,
- Ersatzteile wie Batterien und Saiten sowie kleinere Gegenstände (z. B. Schlägel oder Small-Percussion) kommen in farblich unterschiedliche, beschriftete Kisten oder Fächer.

4.3 Förderung von Wahrnehmung und Aufmerksamkeit

Musiklehrer beklagen sich nicht selten über deutlich spürbare Wahrnehmungs- und Aufmerksamkeitsdefizite ihrer Schüler. Dies betrifft sowohl die Selbst- als auch die Fremdwahrnehmung. Hier sollte der Musikunterricht seinen Ausgangspunkt nehmen, bevor detaillierte, fachspezifische Inhalte in den Vordergrund rücken. Im Folgenden werden exemplarisch einige inklusive Unterrichtseinstiege zur Förderung von Wahrnehmung und Aufmerksamkeit vorgestellt, die weitgehend unabhängig von den verschiedenen Diversitätsfaktoren eingesetzt werden können.

Sich wahrnehmen/körperliches Warm-up

Den Körper wahrnehmen: Zum Warmspielen und Lockern bieten sich – je nach Stundeninhalt – ganzkörperliche Warm-ups wie Strecken, Dehnen, Abklopfen etc. an. Dabei kann zunächst der gesamte Körper aktiviert werden, bevor Arme und Finger oder der Stimm- und Atemapparat gezielte Zuwendung erfahren. Je nach Altersstufe lässt sich diese Phase auch in eine Geschichte packen, die die Schüler mit eigenen Bewegungsideen mitgestalten, z. B. zum Aufwachen am Morgen: „Stellt euch vor, ihr wacht gerade auf und streckt euch bis zur Decke. Zum Wachwerden schüttelt ihr eure Gliedmaßen aus. Um das zerknautschte Gesicht aufzuwecken, massiert ihr eure Gesichtsmuskeln und zieht Grimassen. Nun atmet ihr die frische Luft, die zum offenen Fenster hereinströmt, tief ein."

Den Atem wahrnehmen: Die Schüler atmen (Tipp: bei offenem Fenster!) vier Schläge in ruhigem Tempo tief in das Zwerchfell ein. Der Atem fließt dabei gleichmäßig. Nun atmen die Schüler vier Schläge lang ebenso gleichmäßig und hörbar durch den Mund aus. Dies wird einige Male wiederholt. Jetzt verlängert sich das Ausatmen auf fünf Schläge, das Einatmen wird auf drei Schläge verkürzt. Im Folgenden verlängert sich das Ausatmen auf sechs, sieben und acht Schläge, für das Einatmen bleiben nunmehr nur noch zwei Schläge, ein Schlag bzw. „eine Achtel" Zeit. Diese Übung aktiviert das Zwerchfell, trainiert das Zeitgefühl und wirkt sich beruhigend auf die Schüler aus.

Andere wahrnehmen/Fremdwahrnehmung

Es ist sinnvoll, jeden Schüler die oben beschriebenen Übungen zuerst für sich machen zu lassen. Anschließend werden die jeweiligen Nachbarn einbezogen, indem deren Rücken leicht massiert oder abgeklopft wird. Dehnübungen und Klatschspiele mit Partnern können kombiniert werden (die anfangs begonnene Geschichte könnte dementsprechend fortgesponnen werden). Dies verbessert neben den musikalisch intendierten Wirkungen auch die Stimmung und beeinflusst das Sozialverhalten in der Klasse positiv.

Die meisten Schüler kennen das Verhalten in einem musikalischen Ensemble nicht. Darum brauchen sie eine Einführung, die kontinuierliche Übung bestimmter Verhaltensregeln sowie eine Förderung ihrer Fremdwahrnehmung. Neben den körperbezogenen Übungen können folgende Anregungen dazu beitragen:

Blind durch den Raum führen: Die Schüler lenken einen Partner, der die Augen geschlossen hat, mit einem vereinbarten Geräusch (z. B. Zungenschnalzen) durch den Raum. Dabei können sie die Lautstärke des Geräusches oder den Abstand zum Partner verändern, anschließend tauschen die Partner ihre Rollen. Währenddessen wird nicht gesprochen. Bei größeren Klassen empfiehlt es sich, die Klasse zu teilen: Ein Teil führt die Übung in der Raummitte aus, die anderen sitzen im Kreis um die Raummitte und beobachten die Mitschüler. Anschließend werden die Gruppen getauscht.

Bei dieser vertrauensbildenden Übung, die ein bewusstes, feines Hören fokussiert, weist der Lehrer zu Beginn darauf hin, dass das Vertrauen des Partners keinesfalls durch ein Anrempeln an Gegenstände oder Personen missbraucht werden darf! In der Regel gibt es nach jedem Durchgang ein großes Gesprächsbedürfnis, da die Erfahrung für die Schüler neu, ungewohnt und intensiv ist. Bei

Schülern mit Einschränkungen des Hörens muss das Geräusch entsprechend laut und gut wahrnehmbar sein, z. B. durch den Einsatz einer Trommel.

Hörspaziergang: Zur Förderung feinsinnigen akustischen Wahrnehmens und als „Ohrenöffner" kann auch ein Hörspaziergang durchgeführt werden: Ein Schüler verbindet seinem Partner die Augen. Anschließend führt er ihn an der Hand durch das Klassenzimmer, die Aula, den Schulhof etc. Dabei wird nicht gesprochen. Der Geführte nimmt bewusst Geräusche wahr, die sonst nicht ins Bewusstsein treten, z. B. Vogelgezwitscher, Straßenlärm, eine brummende Deckenlampe, verschiedene Geräuscheigenschaften des Fußbodens etc. Nach dem Hörspaziergang teilt er seine Sinneseindrücke und Erfahrungen mit und tauscht die Rolle mit seinem Partner. Im Plenum werden die Eindrücke gemeinsam besprochen. Schüler mit Einschränkungen des Hörens können hier ihre gesamten Wahrnehmungen mitteilen, die sich auch auf Schwingungen, das Gefühl von Enge und Weite, Nähe und Distanz sowie auf Stimmungen beziehen können.

Mit den Händen führen: Die Partner stehen sich gegenüber, die Arme sind erhoben, sodass die Handinnenflächen zum Partner zeigen. Nun versuchen die Partner gegenseitig ihre Hände zu führen, indem sich die rechte auf die linke Hand des Partners konzentriert und die linke Hand auf die rechte Hand. Die Partner führen kleine, sensible, aber auch großräumige Bewegungen mit den Armen aus, dabei wird nicht gesprochen. Jede Richtungsänderung soll schnell und exakt erfasst und umgesetzt werden. Dabei wechseln die Schüler die Rollen zwischen Führendem und Geführtem. Anschließend tauschen sich die Partner über ihre Erfahrungen aus. Schüler mit Einschränkungen des Sehens wählen einen geringen Körperabstand, bei allen anderen Schülern sind auch große Abstände möglich.

Fallen lassen: Fünf bis sieben Schüler stehen Schulter an Schulter im Kreis. Ein Schüler geht in die Mitte, verschließt die Augen und spannt den Körper an wie ein Brett. Nun lässt sich der Schüler nach vorn, hinten oder zur Seite fallen, wird dort von den Mitschülern aufgefangen und vorsichtig in eine andere Richtung gedrückt. Bei Rollstuhlfahrern kann der gesamte Rollstuhl in verschiedene Richtungen bewegt und gedreht werden, bei sonstigen Beeinträchtigungen, die das Stehen betreffen, ist besondere Behutsamkeit, z. B. durch kleinräumige Bewegungen, vonnöten.

Den Raum wahrnehmen

Musiker müssen sich selbst und andere, aber auch den Raum bewusst wahrnehmen, da dieser entscheidenden Einfluss auf den Klang und das Wohlbefinden hat. Hierfür bietet sich eine der folgenden Übungen an:

Entdeckungsreise: Die Schüler bewegen sich frei durch den Raum und vergegenwärtigen sich Gegenstände, die Decke und den Fußboden, Wandelemente und Strukturen etc. Um die Wahrnehmung in einem zweiten Schritt noch stärker zu fokussieren, zeigen sie vorab mit dem Finger auf einen Zielpunkt (z. B. auf einen Lichtschalter). Dorthin bewegen sie sich zielstrebig auf einer Geraden (keine Schlangenlinie, keine Kurve), lassen kurz das Auge auf dem Zielpunkt ruhen und versuchen, diesen bewusst wahrzunehmen (z. B. drei Schalterelemente, Farbe weiß, leicht fleckig), drehen dann den gesamten Körper wie ein Roboter, zeigen mit dem Finger auf einen neuen Zielpunkt (z. B. auf eine Schultasche) und bewegen sich nun dorthin, um diesen bewusst wahrzunehmen (Farbe, Größe, Muster, Besonderheiten). Nach einiger Zeit berichten die Schüler von ihren Eindrücken und Erfahrungen.

Raumklang: Jeder Schüler sucht sich einen Gegenstand im Raum, mit dem sich gut Geräusche und Klänge produzieren lassen, z. B. Mülleimer, Tafel, Stuhl, Buch, Lichtschalter, Fenstergriff, Heizkörper. Die Aufgabe lautet nun, das Geräusch-/Klangpotenzial des Raumes zu entdecken, indem die Schüler ihren Hörsinn ganz bewusst auf die Geräusche lenken, die sie sonst den ganzen Tag über nebenher begleiten. Aus der Stille heraus erzeugt jeder Schüler nur ein einziges Mal sein Geräusch. Eventuell ergibt sich eine lose oder dichte Geräuschcollage oder auch ein metrisches/rhythmisches Muster.

In einem weiteren Durchgang können Gegenstände mit ähnlichen Materialeigenschaften kombiniert werden, z. B. alles aus Metall, alles aus Plastik, alles aus Holz. Weitere Gruppierungsmöglichkeiten sind Jungen/Mädchen, Blonde/Dunkelhaarige, Hosen/Röcke etc. Variiert werden kann auch die Häufigkeit des eigenen Geräusches: Jeder darf drei Mal spielen, jeder darf so oft und so lange spielen, wie er möchte etc. Dadurch entwickelt sich eine improvisierte Raumklang-Musik, deren Anfangs- und Endpunkt die Schüler selbst bestimmen können.

Entspannung und Stille

Je nach Spannungs- und Aktivitätszustand der Klasse können Entspannungsübungen zu Beginn, am Ende oder während der Stunde sinnvoll sein. So können in einer lebendigen Klasse ein ruhiger Stundenbeginn gestaltet oder aktive Stunden ausgeleitet werden. Auch zwischen einzelnen Unterrichtsphasen eignen sich Entspannungsübungen, um die Konzentration der Schüler wieder zu stärken oder eine anregungsärmere Phase einzuleiten.

Musik hören: Das bewusste Einsetzen von Musik zur Entspannung ist eher aus dem musiktherapeutischen Bereich bekannt. Aber auch im Musikunterricht oder in anderen Fächern kann Musik für Schüler eine wichtige Auszeit bedeuten. Die Schüler nehmen hierfür eine bequeme Sitzposition ein und schließen ihre Augen, sofern sie sich damit wohl fühlen. Beim Hören sollen sie nur auf sich, ihren Atem und die Musik achten.

Die gehörte Musik steht meist außerhalb des Unterrichtskontextes und sollte nicht mit einem expliziten Hörauftrag verbunden sein. Schüler mit Problemen in der Aufmerksamkeit oder mit erhöhten Spannungszuständen können diese Übungen bei Bedarf mit Hilfe von Kopfhörern allein durchführen und so lernen, sich zu entspannen.

Fantasiereise: Die Schüler nehmen eine bequeme Sitzposition ein und schließen ihre Augen. Zu einer ruhigen und entspannenden Musik werden sie aufgefordert, sich in ihrer Fantasie an einen bestimmten Ort zu begeben und diesen zu „sehen", zu „fühlen" und zu „riechen". Jeder Schüler ist in der Lage, ganz individuell diesen Aufgabenstellungen zu folgen.

Eine Fantasiereise eignet sich besonders zur Einführung eines neuen Werkes oder um einen Komponisten oder eine Epoche vorzustellen. Hierbei werden die Schüler auf eine Zeitreise mitgenommen und tauchen in die Geschichte ein. So kann jeder Schüler individuell erste Eindrücke aufnehmen, mit bisherigen Erfahrungen verknüpfen und die Musik als bedeutsam wahrnehmen.

Stille: Stille zu ertragen ist nicht nur für Schüler sehr schwer. Es gibt kaum mehr Plätze auf dieser Welt, an denen absolute Stille erfahrbar ist. Vielmehr sind die Schüler einer ständigen, lauten Lärmkulisse ausgesetzt und empfinden Momente der Ruhe und Stille z.T. als irritierend und bedrohlich. Da es sich bei Stille jedoch nicht nur um eine besondere persönliche Erfahrung, sondern auch um ein wichtiges Moment musikalisch-ästhetischer Gestaltung handelt, sollte der Musikunterricht auch Stilleerfahrungen ermöglichen.

In einem Experiment sollen die Schüler versuchen, 10 bis 20 Sekunden lang still zu sein. Diese Aufgabe verlangt ein hohes körperliches Bewusstsein, da sich die Schüler weder bewegen, noch sprechen oder lachen dürfen, um einen höchstmöglichen Grad an Stille zu erreichen. Die Zeit kann mit einer großen

Uhr oder einer Stoppuhr visualisiert werden. Anschließend wird im Plenum reflektiert, wie gut das Stilleexperiment geklappt hat und ob es wirklich „still" war.

In einem zweiten Durchgang werden die Schüler aufgefordert, sich die „Stille" genau anzuhören und auf die Geräusche in der Umgebung zu achten. In der anschließenden Reflexionsrunde können Begriffe wie Stille, Ruhe und Gehörlosigkeit besprochen und miteinander in Beziehung gesetzt werden. Im letzten Durchgang wird mit Hilfe von Ohrstöpseln und Schallschutzkopfhörern Stille simuliert. Dabei können die meisten Geräusche in einer ruhigen Umgebung ausgeblendet werden. Anschließend erzählen die Schüler, wie sie sich bei diesem Experiment gefühlt haben.

4.4 Förderung von individualisiertem und kooperativem Lernen

An die Stelle des lehrerzentrierten Unterrichts rücken beim inklusiven Musikunterricht selbstgesteuerte und kooperative Formen des Lehrens und Lernens. Im Folgenden werden einige ausgewählte Methoden beschrieben und konkretisiert, die besonders auf individuelle Lernvoraussetzungen und auf die Förderung von Selbsttätigkeit und Selbstständigkeit Bezug nehmen.

Freiarbeit

Bei der Freiarbeit bestimmen die Schüler die Inhalte, Methoden, Sozialformen sowie die zeitliche und räumliche Organisation ihrer Arbeit innerhalb einer vorbereiteten Lernumgebung weitgehend selbst. Sie trägt als Alternative zu lehrerzentriertem und lehrgangsorientiertem Unterricht zur Förderung von Eigeninitiative, Eigenverantwortlichkeit und Selbstständigkeit bei.

Freiarbeit ist ganzheitlich orientiert, ermöglicht eine individuelle Auseinandersetzung der Schüler mit dem Lerngegenstand, fördert – je nach Anlage – die Kommunikation und knüpft an außerschulischen Lern- und Lebenswelten an – darum eignet sie sich besonders für inklusive Gruppen. Der vom Lehrer vorgegebene und verbindliche Plan lässt mehr oder weniger große Gestaltungs- und Spielräume zu und verhindert somit Beliebigkeit. Formen der Freiarbeit können sein:

- eine vorbereitete Lernumgebung mit Freiarbeitsmaterialien (z.B. Bücher, Lernmaterial, Hörmedien, Spiele),
- Wahlangebote im Unterricht,

- Materialtische mit Lernangeboten,
- Wochenplanarbeit,
- Stationenlernen,
- Übezirkel etc.

Für manche Schüler sind Strukturierungshilfen notwendig, um effektiv arbeiten zu können. Dies betrifft vor allem Schüler mit den Förderschwerpunkten *Lernen*, *Geistige* und *Emotional-soziale Entwicklung*.

Stationenarbeit/Stationenlernen

Stationenlernen ist eine Form der Freiarbeit und somit konzeptionell am offenen Unterricht orientiert. Die Schüler bearbeiten einzeln, in Paaren oder Gruppen an mehreren Arbeitsplätzen („Stationen") im Raum einen komplexen Lerngegenstand, der gemäß der Anzahl der Stationen in verschiedene Lerninhalte mit unterschiedlichen inhaltlichen und methodischen Anforderungen aufgeteilt ist und jeweils mit geeigneten Medien präsentiert wird.

Die Schüler können die Reihenfolge der Bearbeitung je nach Anlage der Stationenarbeit frei wählen (offene Form) oder müssen sich an eine systematische, aufeinander aufbauende Aneinanderreihung der Stationen (geschlossene Form) halten. Die Aufgaben werden dabei von den Schülern selbstständig ohne weitere Hilfe und Anleitung des Lehrers bewältigt.

Bei einem Stationen*training* oder Übezirkel steht nicht die Erarbeitung neuer Lerninhalte im Vordergrund, sondern Übung und Vertiefung.

Die Stationenarbeit setzt auf Selbstständigkeit und Eigenverantwortlichkeit und fördert diese gleichzeitig. Bei entsprechender Anlage ist ein Lernen in Einzelarbeit oder kooperatives Lernen sowie ein Lernen mit allen Sinnen bei freier Zeiteinteilung möglich. Stationenarbeit erreicht einen hohen Grad an individualisiertem Lernen bei gleichzeitiger Zurücknahme der Lehrperson, weshalb sie sich besonders für inklusive Gruppen eignet. Um allen Schülern gerecht zu werden, sollen an den einzelnen Stationen differenzierte Arbeitsaufträge ausliegen.

Die Arbeitsaufträge wählen die Schüler selbst aus oder sie sind anhand eines Farbsystems einzelnen Schülergruppen zugeordnet. Anhand der Farbe des Laufzettels finden die Schüler das passende, ebenfalls farbig markierte Differenzierungsmaterial.

Schüler mit Schwierigkeiten in der Organisation und Selbstregulation benötigen strukturierte Laufzettel, teilweise unter Angabe einer konkreten Reihenfolge für die Bearbeitung der Stationen. Dies kann vor allem bei Schülern mit den Förderschwerpunkten *Emotional-soziale Entwicklung, Geistige Entwicklung* und *Lernen* vonnöten sein.

Gruppenpuzzle

Das Gruppenpuzzle ist eine Variante der Gruppenarbeit, bei der ein vom Lehrer vorgegebenes Thema in mehreren Etappen und in wechselnden Kleingruppen bearbeitet wird. In der ersten Phase werden aus der Klasse mehrere Stammgruppen mit drei bis fünf Schülern ohne

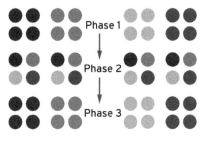

spezielle thematische Vorkenntnisse gebildet. In den Stammgruppen bilden sich die einzelnen Gruppenmitglieder zu Experten für bestimmte Teil-Themen („Puzzle-Teile") in sogenannten „Expertengruppen" fort (Phase 2). Anschließend kehren die Experten in ihre Stammgruppen zurück (Phase 3), informieren die übrigen Gruppenmitglieder über das hinzugewonnene Wissen und leisten somit als Experten einen individuellen Beitrag zur Bearbeitung des Gesamtthemas. Dabei vollziehen die Schüler einen Wechsel von der Rolle der Lernenden zu den Lehrenden.

Die Auswahl der Teil-Themen kann den Schülern nach Wissens- und Erfahrungsstand sowie nach motivationalen Aspekten überlassen werden. Der Lehrer kann aber auch bei der Zuteilung der Teil-Themen steuernd behilflich sein, um für jeden Schüler die angemessene Expertenrolle zu finden.

Das Gruppenpuzzle eignet sich für einen inklusiven Unterricht besonders, da jeder Schüler zu einem Experten wird und als solcher in jeder Gruppe nur einmal vertreten ist. Die Verantwortlichkeit ist dementsprechend bei jedem Einzelnen sehr hoch.

Projektunterricht bzw. projektorientierter Unterricht

Die Projektmethode ist ein reformpädagogisch motiviertes Unterrichtskonzept, das in der Regel über einen längeren Zeitraum fächerverbindend, produkt- und handlungsorientiert angelegt ist. Es eignet sich besonders für einen inklusiven Musikunterricht, da die Zielsetzungen, Inhalte, Planungs- und Durchführungsschritte sowie die Präsentation und Auswertung des Unterrichts weitgehend selbstgesteuert und kollektiv auf Schülerseite realisiert werden.

Der *projektorientierte* Unterricht verwirklicht Prinzipien der Projektmethode, erfüllt jedoch nicht alle Kriterien. So kann der Unterricht z. B. fachbezogen statt fächerübergreifend ausgerichtet sein oder die impulsgebende Fragestellung wird vom Lehrer vorgegeben.

Für die Durchführung von Projekten gilt: Das Thema sollte Offenheit zulassen, jedoch nicht durch zu viel Offenheit überfordern. Alle Schüler sollten sich gleichermaßen beteiligen und zum gemeinsamen Gelingen beitragen können. Der zeitliche und organisatorische Ablauf muss den Schülern vor Projektbeginn verdeutlicht werden, Zielsetzungen und Rahmenbedingungen müssen allen Beteiligten klar sein.

Grundsätzlich kann jedes Unterrichtsthema im Fach Musik auch projektartig vermittelt werden. Je nach subjektbezogenen Lernvoraussetzungen und unterrichtlichen Rahmenbedingungen eignen sich bestimmte Themen besonders gut, z. B.:

- Klanggeschichten mit Instrumenten, Stimme und Alltagsgegenständen gestalten,
- einen Song instrumentieren und arrangieren,
- einen Werbespot, einen Videoclip, einen Song erfinden,
- ein Musikstück am Computer gestalten,
- einen Künstler, einen Komponisten, eine Band, eine Epoche, eine Musikrichtung oder einen Musikstil porträtieren,
- zu Musik malen,
- Bewegungen, Tanz, eine Choreografie erfinden,
- ein Musical, eine Oper, eine Schwarzlicht- oder Schattenspiel-Performance erarbeiten,
- eine informative/interaktive Website gestalten,
- Projekte mit lebensweltlichem/gesellschaftlichem Bezug bearbeiten, z. B. Gewalt und Musik, Politik und Musik, Musik und Umwelt,
- interkulturelle Projekte durchführen, z. B. schwarzafrikanische Musik, türkische Musik,
- explizit fächerverbindende Projekte durchführen, z. B. Musik und Sport, Musik und Kunst, Musik und Geschichte, Epoche der Aufklärung in Literatur, Musik und Geschichte.

4.5 Musik hören (Rezeption)

Gründe für die bewusste Schulung des Hörverhaltens in der Schule gibt es viele. Dazu gehören z. B.:

- bewusster Umgang mit der Omnipräsenz von Musik und Umweltlärm (Dauerberieselung, Reizüberflutung, Umweltgeräusche),
- Diskrepanz zwischen Omnipräsenz und eingeschränkter Musikauswahl bzw. Soundmonotonie,
- häufige (unbewusste) Mediennutzung und -einflüsse (u. a. Musik in Film und Fernsehen, Musikvideos, Hintergrundmusik bei Videospielen etc.),
- häufiger elektronischer Einsatz anstelle echter Instrumente und ursprünglicher Besetzungen (vgl. Anfänge der Filmmusik: originäre Besetzungen, z. B. Jazz-Combo, Big-Band, Sinfonieorchester, Blasorchester anstelle von digitalen Soundbibliotheken).

Aus den angedeuteten Umständen resultieren bei vielen Kindern und Jugendlichen eine fehlende Vertrautheit mit Klängen, die nicht dem persönlichen Lebensabschnitt entsprechen, ein fehlendes Bewusstsein für die Allgegenwart von Musik sowie die Bereitschaft und das Vermögen, sich rezeptiv bewusst Musik zuzuwenden. Da das Musikhören zu den beliebtesten Freizeitbeschäftigungen von Jugendlichen zählt, zudem eine zentrale Umgangsweise mit Musik darstellt und untrennbar mit Musikpraxis verbunden ist, kommt diesem Lernbereich eine hohe Bedeutung zu.

Im inklusiven Musikunterricht hat das bewusste Wahrnehmen (vor allem: Hören) von Musik besondere Relevanz. Bei Schülern mit auffälligen Verhaltensmustern können Hörübungen zur Förderung von Aufmerksamkeit, Konzentration und innerer Ruhe beitragen. Neben den bereits genannten Übungen gibt es vielfältige Formen der Hörschulung in der Schule. Neben dem unbewussten Hören (z. B. zur Meditation, bei Fantasiereisen, während des Arbeitens, zum Tanzen) kommt dabei das emotionale (auf Wirkungen zielende), assoziative (auf innere Bilder zielende), sensomotorische (auf Mitvollzug und Bewegung zielende) und bewusste, analytische Hören zum Einsatz.

Zu den **Methoden,** mit denen sich das Hören vorbereiten, begleiten oder nachbereiten lässt, zählt z. B. das **emotionale und assoziative Hören:** Die Schüler äußern frei eigene Stimmungen und innere Bilder beim Hören eines Musikstücks. Da es keine Zuordnung in richtig oder falsch gibt, kann sich jeder

Schüler beteiligen und seine individuellen Eindrücke schildern. Wichtig ist, dass die Klassenatmosphäre solche freien Äußerungen kommentar- und wertfrei ermöglicht.

Auch die **Liedbrücke** ist eine bewährte Methode: Dabei wird zuerst ein Lied erarbeitet, das beim anschließenden Hören komplett oder in Teilen/motivisch wiederzuerkennen ist (z.B. das Volkslied „Geh im Gässle rauf und runter" als Hinführung zur „Paukenschlagsinfonie" Nr. 94 G-Dur von Haydn, 2. Satz).

Da die Liedmelodie und der Text keine allzu hohen Ansprüche an die Schüler stellen, eignet sich das Beispiel auch für einen inklusiven Musikunterricht. Mit Blick auf den Ambitus und etwaige Einschränkungen durch den Stimmbruch empfiehlt sich ggf. die Aufteilung in Jungen (Takt 1 bis 4) und Mädchen (Takt 5 bis 8).

Denkbar ist auch ein eigens für diesen Zweck komponiertes und mit Text versehenes Lied, das besonders gut individualisierte Zugänge zu einem Werk schafft. Bei der **Parakomposition** wird von den Schülern vokal, instrumental oder mit Alltagsgegenständen ein Musikstück gestaltet, das in wesentlichen Grundzügen mit dem zu hörenden Werk übereinstimmt, z.B.

- formbezogen (Rondo, Blues, Barform),
- parameterbezogen (crescendo, plötzlicher lauter Akzent, ruhiges, gleichmäßiges Tempo, staccato),
- gestaltungsbezogen (Programmmusik, Meditationsmusik, Werbemusik) oder
- klangbezogen (mit Stabspielen, mit Boomwhackers, mit Küchenutensilien).

Die Parakomposition eignet sich gleichermaßen zur Vorbereitung und Nachbereitung des Hörens. Da die Gestaltungsmittel frei handhabbar sind und viel Spielraum für eigene Ideen lassen, kann die Parakomposition auch im inklusiven Musikunterricht eingesetzt werden.

Bei der Methode **„Merkmalssammlung"** äußern sich die Schüler zunächst frei zum Hörbeispiel und geben den Gesamteindruck wieder. Anschließend werden in einem erneuten Hördurchgang besonders auffällige Merkmale (z. B. Tempo, Lautstärkewechsel, Klänge, Instrumente, Besetzung, Epoche) gesammelt, verglichen, geordnet und reflektiert. Für Schüler, denen der Umgang mit dem Fachvokabular schwer fällt (z. B. Schüler mit den Förderschwerpunkten *Sprache*, *Lernen* und *Geistige Entwicklung* sowie Schüler mit Migrationshintergrund), kann eine Bildkartei angelegt werden, aus der die Schüler passende Bilder auswählen können (siehe S. 90).

Durch die Arbeit mit einer Bildkartei können auch Schüler mit dem Förderschwerpunkt *Geistige Entwicklung* gezielt einzelne Parameter in einer Musik analysieren. Die Verknüpfung von Wort und zugehöriger Bildkarte fördert gleichzeitig die Arbeit mit dem Fachvokabular.

Da es jedem Schüler gestattet ist, seine Entdeckungen frei zu äußern, gibt es auch hier keine Benachteiligung bestimmter Schülergruppen. Gezielte Höraufgaben können in weiteren Hördurchgängen angeschlossen werden. Gerade bei stark heterogenen Klassen könnten die Höraufträge nach Fähigkeiten ausdifferenziert werden, sodass alle Schüler gemäß ihren Stärken einen Teil zur gesamten Hörerschließung beitragen können.

Für alle Schüler, insbesondere für solche mit Förderbedarf im Bereich des *Lernens* und im Bereich der *Sprache/Migration* lassen sich vorab Listen mit Adjektiven und anderen Begriffen erstellen, die als Anhaltspunkte dienen können (siehe Kopiervorlage Differenzierungsvorschlag 1 auf S. 89). Die Aufgaben sollten hauptsächlich den Anforderungsbereich I, also das Wiedergeben und Bestimmen von Merkmalen beinhalten.

Für Schüler mit den Förderschwerpunkten *Emotional-soziale Entwicklung* und *Geistige Entwicklung* sowie Schüler mit einer Lese-Rechtschreib-Schwäche kann es sinnvoll sein, zu den Wörtern auch passende Bilder hinzuzufügen, da die Begriffe von dieser Schülergruppe zum Teil nicht gelesen oder verstanden werden (siehe Kopiervorlage Differenzierungsvorschlag 2 auf S. 90).

Für Schüler mit besonderen musikalischen Fähigkeiten und Hochbegabte können mehr Fachbegriffe und Aufgaben im erhöhten Anforderungsbereich, etwa zum Erklären und Erörtern von Merkmalen, verwendet werden (siehe Kopiervorlage Differenzierungsvorschlag 3 auf S. 91).

Schüler mit einer Hörschädigung sollten die Möglichkeit erhalten, das Musikstück in ihrer präferierten Lautstärke über Kopfhörer hören zu können. Bei einer hochgradigen Schwerhörigkeit kann es notwendig sein, ein anderes Musikstück auszuwählen, welches einen hohen percussiven Anteil hat oder Frequenzen abdeckt, die gehört werden können. Dieses Musikstück kann je nach Unterrichtsschwerpunkt für die ganze Klasse obligatorisch oder fakultativ angeboten werden.

Beim **Zuordnungsverfahren** werden den Hörbeispielen Bilder, Gegenstände, Titel von Stücken, Situationen, Zielgruppen, Verwendungszwecke etc. zugeordnet. Auch hier gibt es kein Richtig oder Falsch, entscheidend ist vielmehr, wie die Schüler ihre Zuordnungen begründen. Diese Aufgabenstellung fördert das genaue Zuhören und differenzierte Nachdenken über Musik.

Bei einer heterogenen Gruppe bietet es sich im Sinne eines barrierefreien Zugangs an, unterschiedliche Materialien zur Verfügung zu stellen, die je nach Leistungsniveau zugeteilt oder von den Schülern selbst ausgewählt werden können.

So eignet sich das Zuordnen von Gegenständen und Titeln insbesondere für Schüler mit dem Förderschwerpunkt *Sehen*. Für Schüler mit dem Förderschwerpunkt *Emotionale-soziale Entwicklung* stellt die Zuordnung von Gefühlsmännchen oder Adjektiven eine große Herausforderung, aber auch eine gezielte Fördermaßnahme dar. Um den heterogenen Voraussetzungen sowie gleichermaßen dem Unterrichtsprinzip Anschaulichkeit Rechnung zu tragen, bietet sich der Einsatz von Fotos, Skizzen, Klangverläufen und Grafiken an. Dabei gilt: je abstrakter das Bild, umso schwieriger und komplexer gestaltet sich die Aufgabe. Verwenden die Schüler unterschiedliche Materialien, ist der anschließende Austausch über das Stück intensiver und für alle Schüler spannender.

Bei der Methode **Umsetzungsverfahren** werden die Höreindrücke in Bewegung, Tanz, szenisches Spiel, Standbild, Marionettenspiel, Bild etc. übertragen. Bei sehr heterogenen Klassen können mehrere Umsetzungsvarianten – je nach Schülervoraussetzungen – parallel durchgeführt werden. Die Übertragung von Höreindrücken in Bilder kann einerseits (dauerhaft) mit Stiften geschehen, andererseits (flexibel) mit Gegenständen, z. B. mit Steinen.

Die im zweiten Fall entstandenen Hörpartituren, die das Gehörte visualisieren, können bei weiteren Hördurchgängen im Gegensatz zu gemalten Bildern vom selben Schüler oder von den Mitschülern verändert werden, was der Methode mehr Spielraum und Lebendigkeit verleiht. Die Umsetzung der Musik in Bewegung kann kleinräumig, z. B. mit Handbewegungen, durch das Ändern der

Name: _____ Klasse: _____ Datum: _____

Hör genau! (Differenzierungsvorschlag 1)

So könnte das Musikstück heißen: _____

_____

So heißt das Musikstück tatsächlich: _____

_____

Wie klingt das Musikstück für dich?

Kreuze alles an, was für dich zutrifft:

☐ mit Gesang	☐ ohne Gesang	☐ viele Instrumente	☐ wenige Instrumente
☐ lustig	☐ traurig	☐ schnell	☐ langsam
☐ überraschend	☐ langweilig	☐ heftig	☐ zart
☐ laut	☐ leise	☐ orientalisch	☐ westlich
☐ modern	☐ altmodisch	☐ weich	☐ hart
☐ aggressiv	☐ gefühlvoll	☐ beruhigend	☐ aufregend

Was hast du noch gehört? _____

_____

_____

Wie hat dir das Musikstück gefallen? _____

_____

_____

Name: _____ Klasse: _____ Datum: _____

Hör genau! (Differenzierungsvorschlag 2)

So könnte das Musikstück heißen: _____

_____

So heißt das Musikstück tatsächlich: _____

_____

Wie klingt das Musikstück für dich? Kreuze an:

☐ mit Gesang   ☐ mit Instrumenten

☐ lustig   ☐ traurig

☐ schnell   ☐ langsam

☐ laut   ☐ leise

☐ überraschend   ☐ langweilig

☐ Weich   ☐ hart

Wie hat dir das Musikstück gefallen?

☐ ☹ ☐ 😐 ☐ 😊

Name: _____ Klasse: _____ Datum: _____

Hör genau! (Differenzierungsvorschlag 3)

So könnte das Musikstück heißen: _____

_____

So heißt das Musikstück tatsächlich: _____

_____

Wie klingt das Musikstück für dich? Was trifft sonst noch zu?
Kreuze an:

☐ piano ☐ pianissimo ☐ moderato ☐ ritardando ☐ Romantik

☐ mezzoforte ☐ forte ☐ allegro ☐ Arie ☐ Wiener Klassik

☐ fortissimo ☐ adagio ☐ grave ☐ Konzert ☐ Expressionismus

☐ crescendo ☐ largo ☐ vivace ☐ Orchesterstück ☐ Impressionismus

☐ decrescendo ☐ andante ☐ presto ☐ Barock ☐ Neue Musik

☐ Rondo ☐ Variation ☐ Menuett ☐ Fuge ☐ Sonate

Welche Instrumente hast du gehört? _____

_____

_____

Welcher Epoche ordnest du das Stück zu? Begründe deine Antwort.

_____

_____

Beschreibe mit eigenen Worten das Musikstück.
Verwende passende Fachbegriffe. Schreibe auch auf die Rückseite.
Begründe, warum dir das Musikstück gefällt/nicht gefällt.

_____

_____

Körperhaltung beim Hören, oder großräumig mit entsprechenden Bewegungen im Raum erfolgen.

Das Umsetzen von Musik in oben genannte Darstellungsformen eignet sich vor allem bei hohen Anforderungen an die Verbalisierung der Höreindrücke und kommt somit Schülern mit besonderem Förderbedarf im Bereich der Sprache zugute. Das Notieren von Klangverläufen oder Intervallen im Sinne eines **Hördiktats** erweitert den Bereich des wahrnehmenden, assoziativen Hörens um das musikanalytische Hören. Am Beispiel des Kanons „Signor Abate" von Ludwig van Beethoven werden auf der folgenden Kopiervorlage (siehe S. 93 bis 95) sechs differenzierte Arbeitsaufträge vorgestellt. Der Kanon wird dabei von der Lehrperson an einem Melodieinstrument vorgespielt.

Die Notation des Klangverlaufs kann je nach Leistungsstand grafisch, z.B. durch eine Linie, durch welche die Tonhöhe beschrieben wird (Aufgabe 2), als auch in traditioneller Notenschrift dargestellt werden (Aufgabe 4). Zudem ist es möglich, vorgegebene Noten, Takte bzw. grafische Verläufe korrekt zuordnen (Aufgabe 1 und 5), sortieren oder in Form eines Lückentextes einfügen zu lassen (Aufgabe 3 und 6).

Durch diese Differenzierungsangebote können Schüler mit verschiedenen Voraussetzungen an einer gemeinsamen Aufgabe arbeiten, um sich später ihre unterschiedlichen Ergebnisse vorzustellen und diese zu vergleichen.

Schüler mit einer Sehbeeinträchtigung können den Klangverlauf auch taktil durch eine Schnur darstellen (Aufgabe 2), sofern sie nicht die Braillenotenschrift beherrschen, bzw. vorgegebene Klangverläufe in Form einer taktilen Grafik (Aufgabe 1) dem passenden Hörbeispiel zuordnen.

Bei der **Teilrealisation** wird ein Ausschnitt aus dem Werk mit Instrumenten, Stimme, Bodypercussion, Alltagsgegenständen etc. mitmusiziert. So kann z.B. ein markanter Rhythmus dargestellt werden (etwa aus einem klassischen Musikstück oder aus einem Popsong). Die Teilrealisation ermöglicht den Mitvollzug eines Musikstücks auf gleichen oder verschiedenen Niveaustufen; die verschiedenen musikalischen „Bauteile" werden von unterschiedlichen Schülergruppen mitvollzogen. Da sich in der Synthese aller Bauteile ein prägnantes Merkmal des Originals ergibt, ist jeder Schüler bedeutsam und im Sinne eines inklusiven Musikunterrichts berücksichtigt.

Name: _____ Klasse: _____ Datum: _____

Ludwig van Beethoven, Signor Abate
(Differenzierungsvorschläge 1 bis 3)

1. Du hörst nun einen Ausschnitt aus einem Kanon von Ludwig van Beethoven. Welche Grafik passt am besten zum Melodieverlauf des Stückes? Kreuze an.

☐

☐

2. Du hörst nun einen Ausschnitt aus einem Kanon von Ludwig van Beethoven. Wie würdest du den Melodieverlauf grafisch darstellen?

3. Du hörst nun einen Ausschnitt aus einem Kanon von Ludwig van Beethoven. Welche Takte fehlen in den Noten? Vervollständige sie nach Gehör!

Name: _____ Klasse: _____ Datum: _____

Ludwig van Beethoven, Signor Abate
(Differenzierungsvorschläge 4 und 5)

4. Du hörst nun einen Ausschnitt aus einem Kanon von Ludwig van Beethoven.
   Notiere den Melodieverlauf.

5. Du hörst nun einen Ausschnitt aus einem Kanon von Ludwig van Beethoven.
   Bringe die sieben Takte in die richtige Reihenfolge.
   Es sind auch falsche Takte dabei.

Name: _____ Klasse: _____ Datum: _____

Ludwig van Beethoven, Signor Abate (Differenzierungsvorschlag 6)

6. Du hörst nun einen Ausschnitt aus einem Kanon von Ludwig van Beethoven.
   Ergänze die fehlenden Takte nach dem Gehör.
   Unten siehst du einige Takte; darunter sind auch falsche.

4.6 Musik machen (Reproduktion)

Musik machen mit der Stimme

Durch die Stimme ist nahezu jeder Mensch in der Lage, Musik zu machen und somit den eigenen Körper als Instrument zu nutzen. Dabei ist die Bandbreite vokalen Musizierens riesig. Sie umfasst z.B. einstimmiges und mehrstimmiges Singen, Singen in verschiedenen Sprachen und Ausdrucksformen, in unterschiedlichen Stilrichtungen, Tonlagen, mit oder ohne instrumentale Begleitung etc. Der eigene Gesang ist etwas sehr Persönliches und braucht – analog zum Umgang mit Instrumenten – Übung und Ausbildung.

Um möglichst allen Schülern Lieder und Songs zugänglich zu machen, müssen unterschiedliche Vorlieben ebenso beachtet werden wie differierende Stimmlagen und entwicklungsbezogene Besonderheiten, wie z.B. der Stimmbruch. Für Schüler mit Schwierigkeiten in den Bereichen *Sprache, Sprechen und Tonerzeugung* müssen geeignete Differenzierungsmaßnahmen und Alternativen angeboten werden. Im Folgenden werden einige Differenzierungsmöglichkeiten sowie Varianten der inklusiven Liederarbeitung vorgestellt.

Adaptionsmöglichkeiten für Lieder/Songs

Text übersetzen: Das Singen von Pop-/Rocksongs hat für Schüler aufgrund ihrer musikalischen Sozialisation eine hohe Bedeutung. Für Schüler mit den Förderschwerpunkten *Geistige Entwicklung* und *Lernen* ist das Singen der meist in englischer Sprache verfassten Texte jedoch erschwert. Abhilfe schafft die gemeinsame Übersetzung des Songs, einer Strophe oder des Refrains ins Deutsche, sodass der gesamte Song oder Teile daraus besser gemeinsam gesungen werden können. Diese Überlegungen gelten entsprechend für deutsch- und fremdsprachige Lieder/Songs mit Blick auf den Diversitätsaspekt „Migration".

Rhythmisiertes Sprechen (Rap): Für Schüler mit Schwierigkeiten beim Hören und Singen von Melodien, z.B. wegen einer Hör- oder Sprachbehinderung, kann eine Strophe in einen Rap umgewandelt werden. Diese Alternative kann auch für die übrigen Schüler anregend und motivierend sein.

Signalwörter singen/sprechen: Das Singen/Sprechen von Signalwörtern ist ein in der Pop-/Rockmusik beliebtes und häufig verwendetes Stilmittel, das auch im Unterricht Anwendung finden kann. Gemeint sind damit z.B. prägnante Endreime oder Schlüsselwörter in HipHop-Texten, Echos in Lied-/Songtexten etc. Der Einsatz eignet sich besonders für Schüler mit den Förderschwerpunkten *Hören*, *Sprache*, *Lernen* und *Geistige Entwicklung*, da weder komplexe Melodieverläufe gesungen noch umfangreicher Text auswendig gelernt oder abgelesen werden müssen. Für Schüler mit fehlender oder geringer Lesekompetenz können die Signalwörter als Memorierungshilfe auch als Bildkarten dargestellt werden.

Instrumentale Begleitung: Ist das Mitsingen für einzelne Schüler nicht möglich, z.B. aufgrund einer Stimmstörung, einer hochgradigen Hörschädigung oder aufgrund von Krankheitsbildern wie Autismus oder Mutismus, kann der Gesang von den betreffenden Schülern auch instrumental begleitet werden. Hierzu eignen sich vor allem Percussionsinstrumente. Rhythmische Patterns können für alle Schüler gleichermaßen eingeführt werden, sodass die instrumentale Begleitung nicht nur auf Schüler mit Einschränkungen reduziert ist.

Strophe/Refrain aufteilen: Eine sehr einfache Differenzierung lässt sich durch die Aufteilung von Strophe und Refrain oder durch eine weitere Binnendifferenzierung innerhalb von Lied-/Songteilen herstellen. Schüler mit besonderen musikalischen Vorerfahrungen können z.B. die (komplexeren) Strophen singen, die Klasse singt gemeinsam den (einfacheren) Refrain. Für Schüler mit sehr unterschiedlichen Lernvoraussetzungen eignen sich Lieder mit einem Nonsense-Refrain, der vornehmlich auf einer markanten Silbenreihung beruht, wie z.B. „Life is Life" (Opus), „The Passenger" (Iggy Pop), „Alles nur geklaut" (Prinzen) etc.

Singen mit Bewegungen: Singen ist ein Vorgang des ganzen Körpers, obwohl der Fokus meist nur auf der Stimme liegt. Vielen Schülern fällt es leichter, sich durch gezielte Bewegungen oder Gesten Texte zu merken oder eine Melodie durch das Anzeigen von Tonhöhen mit Handzeichen im Sinne der Solmisationsmethode zu erfassen. Bei Schülern mit hochgradigen Höreinschränkungen bietet es sich an, den Text durch Gebärden zu unterstützen. Dies ist für alle Schüler der Klasse spannend und ein Gewinn an Kommunikationsmöglichkeiten.

Inklusive Liederarbeitung

Kanon: Schüler mit hohen musikalischen Fähigkeiten sind in der Lage, den Kanon in Text, Melodie und Intonation auch mehrstimmig sicher zu singen, und bieten so eine gute Orientierung für etwas schwächere Schüler. Durch die Auswahl eines im Schwierigkeitsgrad passenden Kanons können auch Klassen mit sehr großen Leistungsunterschieden individualisiert und dem Lernstand entsprechend unterrichtet werden.

Der hier vorgestellte Kanon „Shalom chaverim" ist vom Textumfang her auch für Schüler mit Sprach-, Lern- und Gedächtnisschwierigkeiten gut zu erlernen, da er nur aus zwei Textbausteinen („Shalom chaverim" und „Le hitraot") besteht. So können sich auch Schüler ohne Lesefähigkeiten den Text durch mehrmaliges Singen auswendig aneignen.

israelisches Volkslied

Schwieriger gestalten sich die Bewältigung des Tonumfangs und der Melodieführung beim gemeinsamen Singen im Kanon. Für die Orientierung beim mehrstimmigen Singen ist es einfacher, in einer Kleingruppe zu singen.

Um den Schwierigkeitsgrad zu erhöhen, können alle Schüler beim Singen kreuz und quer durch die Klasse laufen. Schüler, die Hilfe benötigen, können sich einen sicheren Partner suchen. Hier eignen sich etablierte Hilfspatenschaften oder Helfersysteme, bei denen gute Schüler Schwächeren helfen.

Für Schüler mit den Förderschwerpunkten *Hören, Geistige Entwicklung* und *Lernen* kann es einfacher sein, einen Abschnitt ständig zu wiederholen, anstatt den ganzen Kanon zu singen. Damit sind diese Schüler nicht eindeutig einer Kanongruppe zuzuordnen, können aber trotzdem am gemeinsamen, mehrstimmigen Singen teilhaben. Die Schüler können auch selbst einen Abschnitt wählen, den sie gut beherrschen, z. B. die letzten fünf Noten („sha-lom sha-ha-lom").

Quodlibet: Durch ein Zusammenspiel verschiedener Lieder mit gleicher Akkordfolge können neben Leistungsunterschieden auch unterschiedliche Interessen der Schüler berücksichtigt werden.

Die Schüler wählen einen der vorgestellten Songs frei nach ihren Interesse und Fähigkeiten aus und studieren ihn mit einer Kleingruppe ein. Um allen Schülern in einer heterogenen Lerngruppe gerecht zu werden, kann das Quod-

Quodlibet: I like the flowers – Dream, dream, dream – Hey Baby
Arr. Ulrike Höfer

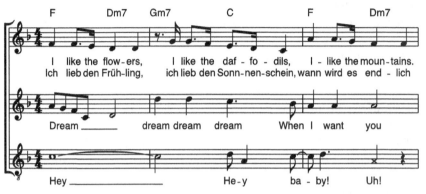

I like the flow-ers, I like the daf-fo-dils, I - like the moun-tains.
Ich lieb den Früh-ling, ich lieb den Sonn-nen-schein, wann wird es end - lich

Dream _____ dream dream dream When I want you

Hey _____ He-y ba - by! Uh!

„I like the flowers": englisches Volkslied

I like the rol-ling hills I like the fire-place, when the light is low
mal wieder wärmer sein, Schnee, Eis und Käl - te müs-sen bald ver-gehn

In my arms, when I want you and all your charms, when

Ah! I wan - na know _____ oh_ oh If you'll be my girl

„Dream, Dream, Dream": Melodie und Text: Bryant Boudleaux
Copyright: Sony/ATV Music Publishing (Germany) GmbH, Berlin

Dum, di da, di dum, di da, di dum, di da, di dum di, da di

ev - er I want you _ all I have to do is

_ two, hree, four, five, six, seven, eight.

„Hey Baby": Melodie: Cobb, Margaret; Text: Channel, Bruce
Copyright: Le Bill Music, Masterphon Musikverlag GmbH, Bergisch Gladbach

libet im Rahmen eines Projekts auch mit Rhythmus- und Melodieinstrumenten begleitet werden (vgl. KRÖNIG 2012).

Hierbei können die Schüler zwischen den verschiedenen Liedern und zwischen verschiedenen musikalischen Aktivitäten wie Gesang, Rhythmus- oder Instrumentengruppe wählen.

Das auf der Seite 99 vorgestellte Quodlibet beinhaltet Songs mit unterschiedlichen Schwierigkeitsgraden aus verschiedenen Genres. Durch das gemeinsame Singen in der Kleingruppe unterstützen sich die Schüler – ähnlich wie beim Kanon (s.o.) – gegenseitig.

Für Schüler mit dem den Förderschwerpunkten *Geistige Entwicklung* oder *Lernen* sind deutsche Songs in der Regel einfacher zu erlernen. Im vorgestellten Quodlibet kann der Song „I like the flowers" auch durch „Zwei kleine Wölfe" ersetzt werden.

Musik machen mit Instrumenten

Das Klassenmusizieren mit Instrumenten nimmt einen zunehmend hohen Stellenwert im Musikunterricht ein. Dabei werden Instrumentalstücke oder Begleitungen zu Liedern gemeinsam erarbeitet, spielpraktische Fähigkeiten von Instrumenten erworben oder weiterentwickelt, musiktheoretische Inhalte und musikalische Gestaltungsprinzipien handlungsorientiert angewendet etc.

Aufgrund heterogener instrumentaler Vorerfahrungen ist das Klassenmusizieren relativ aufwändig in der Vorbereitung und Durchführung des Unterrichts. Damit alle Schüler ihre bisherigen Fähigkeiten erweitern können, ist ein hoher Differenzierungsgrad notwendig. Differenzierungen sind vor allem in den Bereichen Adaption, Spielweise und Notation von Instrumenten bzw. hinsichtlich des Instrumentenbaus und bei Sonderformen der Klangerzeugung relevant.

Adaptionsmöglichkeiten für Instrumente

Für den Musikunterricht wird eine korrekte Spielweise der Instrumente angestrebt, jedoch sollten auch einfachere Alternativen angeboten werden, um allen Schülern einen Zugang zum instrumentalen Musizieren zu ermöglichen. Zwar gehört die Ausbildung am Instrument nicht zu den primären Aufgaben des Musikunterrichts an allgemeinbildenden Schulen, doch sollten grundsätzliche Fähigkeiten und Einblicke erworben und generelles Interesse am Instrumentalspiel geweckt werden.

Im Folgenden werden einige Adaptionsmöglichkeiten vorgestellt, welche die Spielweise erleichtern und die Instrumente auch für Schüler mit körperlichen oder geistigen Einschränkungen erfahr- und spielbar machen. Dabei erfolgt die Schwerpunktsetzung auf einige, im Musikunterricht besonders häufig verwendete Instrumente.

Schüler mit instrumentalen Vorerfahrungen und hohen Fähigkeiten auf den jeweiligen Instrumenten werden angeregt, ohne diese Hilfen und Adaptionen zu spielen. So sind in Übephasen alle Schüler gleichermaßen gefordert und beschäftigt.

Musik machen mit der Gitarre

Durch die Kombination von Greifen und Anschlagen gestaltet sich das Spiel auf der Gitarre für Schüler ohne Vorerfahrungen sehr komplex, sodass auf eine Differenzierung nicht verzichtet werden kann. Die korrekte **Spielweise** sollte immer angestrebt und eine Adaption nur vorgenommen werden, wenn motorische Einschränkungen vorhanden sind. Alternativen sind:

Greifen „von oben": Ist das Greifen der Saiten auf dem Griffbrett motorisch nicht nach herkömmlicher Spielweise möglich, weil z. B. der benötigte Kraftaufwand zum Drücken der Saiten bei dieser Spielweise nicht aufgebracht wird, besteht die Möglichkeit, die Seiten von oben zu greifen (siehe Foto).

Anschlagen der Saiten: Ist das Greifen der Saiten motorisch nicht möglich, können die Gitarrensaiten so umgestimmt werden, dass beim Anschlagen der leeren Saiten ein Akkord entsteht („offene Stimmung"). Die Seiten brauchen dann von den Schülern nur noch angeschlagen werden (siehe „An-Aus-Prinzip"). Für Schüler mit schwerer Behinderung ist es zudem einfacher, die Gitarre auf den Schoß oder auf einen Tisch zu legen oder sie im Gitarrenständer zu lassen.

Powerchords: Das Spielen von Akkorden erfordert mit der herkömmlichen Griffweise viel Übung und großes motorisches Geschick. Um allen Schülern ein wirkungsvolles Erfolgserlebnis auf dem Instrument zu verschaffen, können Powerchords zur Vereinfachung der Spielweise eingesetzt werden. Ein Powerchord besteht nur aus Grundton und Quinte, sodass eine Unterscheidung in Dur und Moll entfällt. Bei Powerchords müssen die Schüler nur einen einfachen

Griff erlernen, den sie dann auf dem gesamten Griffbrett verschieben können, um verschiedene Akkorde zu ersetzen. Nicht gespielte Saiten können zur Vereinfachung z. B. mit einem Papiertaschentuch abgedämpft werden. Je nach Fähigkeiten können verschiedene Griffe angewandt werden:

Kompletter Powerchord (Grundton, Quinte, oktavierter Grundton; Griff mit Zeigefinger (Z), Ringfinger (R) und kleinem Finger (K); die g-, h- und e-Saite werden nicht gespielt):

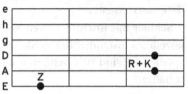

Beispiele:

- F-Dur oder F-Moll: Zeigefinger I. Bund
- G-Dur/G-Moll: Zeigefinger III. Bund
- A-Dur/A-Moll: Zeigefinger V. Bund

Powerchord ohne Oktave (Grundton, Quinte; Griff mit zwei Fingern; D-, g-, h- und e-Saite werden nicht gespielt)

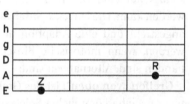

Powerchord mit Leersaite (Grundton, Quinte; Griff mit einem Finger; nur für die Akkorde E, A und D)

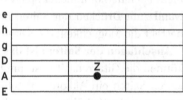

Beispiele:

E-Dur/E-Moll: Zeigefinger II. Bund auf A-Saite (nur Saiten E und A spielen)

A-Dur/A-Moll: Zeigefinger II. Bund auf D-Saite (nur Saiten A und D spielen)

D-Dur/D-Moll: Zeigefinger II. Bund auf g-Saite (nur Saiten D und g spielen)

Powerchord drop D: Durch Umstimmen der tiefen E-Saite nach D entsteht ein offener Powerchord auf den drei tiefen Saiten der Gitarre (D-A-D). Wenn die Saiten mit dem Zeigefinger, Mittelfinger und Ringfinger gedrückt werden, lassen sich verschiedene Akkorde nur durch das Verschieben des Griffes darstellen (der alternative Barré-Griff über den gesamten Bund fällt manchen Schülern zu schwer).

Da sich alle Finger im selben Bund befin-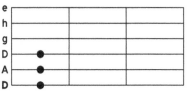
den, ist der Griff deutlich einfacher als der
komplette Powerchord (s.o.). Das Umstimmen der Saite können die Schüler selbst
mit einem Stimmgerät vornehmen. Die
drei hohen Saiten werden bei dieser Vari-
ante nicht gespielt und können zur Vereinfachung abgedämpft werden.

Spiel von Einzeltönen/Grundtönen: Als Alternative zum Akkordspiel können Einzeltöne gespielt werden. Sofern diese eine Bassfunktion übernehmen (z. B. Akkordgrundtöne), bietet sich der Einsatz eines E-Basses an. Somit wird die Reduktion auf das Melodiespiel zu einer Adaption auf der Ebene der Instrumentenwahl, ohne direkt auf individuelle Schwächen hinzuweisen oder für alle sichtbare Adaptionen vornehmen zu müssen. Das Spiel einer Melodiestimme auf der Gitarre kann sowohl eine Vereinfachung als auch einen hohen Schwierigkeitsgrad für Schüler mit besonderen instrumentalen Voraussetzungen bedeuten.

Markierungen: Zur besseren Übersichtlichkeit bietet es sich an, Bünde, die für ein spezifisches Musikstück gebraucht werden, mit farbigen Klebepunkten zu markieren. Des Weiteren können Akkordentsprechungen beim Spiel von Powerchords Drop D über die einzelnen Bünde geschrieben werden. Hierfür eignen sich wasserlösliche Folienstifte, damit sich die Markierungen je nach Leistungsstand wieder abwischen lassen und der Schwierigkeitsgrad somit flexibel angepasst werden kann. Beim Spielen einer Melodie können die Tonnamen der Leersaiten als Hilfe vor den ersten Bund geschrieben werden. Sollte dies nicht ausreichend sein, können Klebepunkte mit Tonbezeichnungen unter die Saiten geklebt werden. Erhält der Schüler eine Notation nach einem Farbsystem, können auch bunte Klebepunkte verwendet werden.

Musik machen auf dem Klavier/Keyboard

Die Instrumente Klavier bzw. Keyboard eignen sich für das Musizieren in der Klasse im Hinblick auf die Tonerzeugung gut. Je nach Schülervoraussetzungen werden verschiedene Anforderungen gestellt. Die korrekte **Spielweise** sollte immer angestrebt und eine Adaption nur vorgenommen werden, wenn die

Spielweise aufgrund motorischer Einschränkungen nicht ausgeführt werden kann. Vereinfachungen und Alternativen hierzu sind:

Einstimmiges Spielen: Für Schüler ohne instrumentale Vorerfahrung ist in der Regel nur ein einstimmiges Spiel auf Anhieb möglich. Die Klavierstimmen können ggf. auf zwei oder mehrere Schüler aufgeteilt werden, die später auch am selben Instrument gemeinsam spielen.

Spiel im Fünftonraum: Bei Schwierigkeiten beim Über- oder Untergreifen bzw. beim schnellen Auffinden der richtigen Töne eignet sich eine Stimme im Fünftonraum, bei der sich die Hand nicht über die Tasten bewegen muss, sondern die einzelnen Finger jeweils nur die Töne anschlagen, die ihnen zugeordnet sind.

Spiel von Grundtönen: Können Tonnamen und Tasten nur schwer und mit viel Zeit zugeordnet werden oder bestehen motorische Einschränkungen, kann das Spiel von Grundtönen je nach Fähigkeiten rhythmisch, einmal pro Takt oder nur bei Akkordwechsel erfolgen.

Akkordspiel: Schüler mit musikalischen Vorerfahrungen können passende Akkorde zur Begleitung spielen oder eine Melodie mit den richtigen Akkorden aussetzen.

Spiel mit dem Zeigefinger: Beim ersten Spiel auf der Tastatur wird diese Spielweise von den Schülern bevorzugt, da hiervon die größtmögliche Sicherheit ausgeht. Für Schüler mit motorischen Einschränkungen stellt das Spiel mit dem Zeigefinger eine gute Möglichkeit der Partizipation dar.

Spielen mit dem Kopf: Schüler mit dem Förderschwerpunkt *Motorische Entwicklung*, die durch eine Spastik oder Lähmung nicht in der Lage sind, die Tasten mit der Hand zu bedienen, können mit einem am Kopf befestigten Stab die Tasten mit Hilfe der Nackenmuskulatur bedienen (vgl. HUHN 2015).

Markierungen: Mit Hilfe von Klebepunkten, Aufstellern und der Angabe von Tonnamen mit transparentem Folienstift können sich die Schüler besser auf der Tastatur orientieren. Gleichfarbige Klebepunkte können dabei für ganze Akkorde stehen (z. B. rot = C-Dur, blau = G-Dur, gelb

= F-Dur). Auf dem Foto sind die Farben in unterschiedlichen Grautönen wiedergegeben.

Fingersatz: Ein richtiger Fingersatz vermeidet das ausschließliche Spiel mit dem Zeigefinger und verhilft zu einem fließenden Spiel. Der Fingersatz kann auf dem Notenblatt notiert werden und Schülern helfen, die aufgrund der Förderschwerpunkte *Lernen* oder *Geistige Entwicklung* nicht in der Lage sind, Tonnamen und Taste miteinander in Verbindung zu setzen.

Durch einen festen Fingersatz muss beim Spiel im Fünftonraum nur der erste Ton auf der Tastatur gefunden werden.

Musik machen mit dem Schlagzeug

Das Schlagzeug übt auf viele Menschen eine große Faszination aus. Daraus resultiert in der Regel eine recht hohe Motivation für das Instrument. Im inklusiven Musikunterricht sind Rhythmik und Rhythmus besonders wichtig. Abseits der konventionellen Spielweise durch einen einzelnen Spieler kann man das Schlagzeug bzw. seine Bestandteile vielfältig einsetzen. Da das Spielen eines Schlagzeugs hohe rhythmische und koordinative Fähigkeiten erfordert, ist eine Aufteilung des Instruments auf mehrere Schüler sinnvoll. Je nach Fähigkeiten kann eine einzelne Trommel aus dem Set gespielt werden, bis hin zum kompletten Schlagzeug.

Bassdrum: Die Bassdrum eignet sich für Schüler mit motorischen Einschränkungen der Hände oder Arme. Oft ist aber das Spiel mit dem Fuß für die Schüler wesentlich schwerer als das rhythmische Schlagen mit der Hand, sodass die Bassdrum auf der Cajon gespielt werden kann, ohne klangliche Abstriche machen zu müssen. Für das Klassenmusizieren eignet sich die Cajon aufgrund der geringeren Lautstärke sogar besser. Alternativ wird die Bassdrum mit Decken gedämpft.

Hi-Hat: Beim Spiel der Hi-Hat wird ebenfalls der Fuß benötigt, um diese zu öffnen und zu schließen. Zur Vereinfachung können die beiden Becken fest aufeinander geschraubt werden, sodass zwar kein Öffnen und Schließen mehr möglich ist, aber auch auf die Koordination des Fußes verzichtet werden kann. Die Hi-Hat wird ausschließlich mit Sticks gespielt.

Snare: Die Snare kann einzeln oder in Verbindung mit der Bassdrum gespielt werden. Ist die Hand-Fuß-Koordination oder die Handhabung von Sticks erschwert, lässt sich diese Kombination gut auf der Cajon umsetzen. Die Instrumente können auch auf einzelne Schüler aufgeteilt werden.

Becken: Ein abgedämpftes Becken erleichtert die Spielweise und lässt es wesentlich leiser klingen, was beim Klassenmusizieren von Vorteil ist. Um das Becken besser treffen zu können, wird das Schlagfeld mit Hilfe von buntem Klebeband abgeklebt.

Standtom: Ist keine Cajon vorhanden, wird die Standtom zum Ersatz für die Bassdrum, wenn das Spiel auf dieser erschwert ist.

Musik machen auf Percussionsinstrumenten

Sie gehören zum festen Inventar an Schulen und eignen sich für vielfältige Zwecke. Sie sind klein, leicht, handlich, effektvoll und nicht allzu teuer, daher sind sie meist als Klassensatz vorhanden und ermöglichen allen Schülern eine Teilhabe an rhythmischen Übe- und Gestaltungsprozessen. Rasseln, Schellenringe und andere Percussionsinstrumente lassen sich zum Spielen mit Klettbändern und -verschlüssen an Armen und Beinen befestigen. Dies empfiehlt sich bei feinmotorischen Schwierigkeiten oder bei haptischen Einschränkungen beim Greifen und Halten.

Cajon/Trommeln: Schlaginstrumente bewältigen die meisten Schüler gut. Auch schwer mehrfach behinderte Schüler können durch das Führen der Hände selbst Klänge und einfache Rhythmen erzeugen. Für Schüler im Rollstuhl sind Cajons eher schwer zu handhaben.

Besser eignen sich hier kleine Djemben oder Bongocajons bzw. t-förmige Cajons, wie z.B. das Modell „Meinl Slap-Top", die sich die Schüler zwischen die Beine klemmen können. Alternativ gibt es Eigenentwicklungen in Gestalt eines speziellen Holz-Vorbaus für Rollstühle, auf dem sich perkussiv in der Art einer Cajon spielen lässt.

Stabspiele: Glockenspiele, Metallophone, Xylophone und Klangstäbe gehören meist zur Grundausstattung von Musikräumen. Mit den Stabspielen können stilübergreifend Melodie- und Bassstimmen mit eher geringen Anforderungen an die Tonerzeugung und Spielweise musiziert werden.

Bassstäbe stellen eine gut klingende Alternative für Schüler dar, denen es schwer fällt, einzelne Saiten einer Gitarre oder eines E-Basses zu zupfen. Durch die unterschiedlichen Baugrößen können Differenzierungen beim Klassenmusizieren auch durch eine individuelle Instrumentenauswahl erfolgen.

So können Schüler mit motorischen Schwierigkeiten je nach Fähigkeit einen oder mehrere Bassklangstäbe spielen, auch Schüler mit einer schweren Behinderung können dabei gut geführt werden. Stabspiele, bei denen die Klangstäbe mit Tonnamen versehen sind, geben Schülern ohne instrumentale Vorerfahrung zusätzlich Orientierungshilfe. Bei Verwendung unterschiedlicher Anschlagsarten (z.B. umgedrehte Schlägel und Anschlagen mit dem Schaft, Antippen der Klangstäbe mit dem Finger oder Fingernagel) können die Stabspiele klanglich vielseitig eingesetzt werden.

Besondere Aspekte der Spielweise:
- *Klangstäbe herausnehmen:* Instrumente mit Klangstäben können durch die flexible Befestigung der Klangstäbe gut adaptiert werden. So ist es für Schüler mit den Förderschwerpunkten *Lernen* oder *Geistige Entwicklung* möglich, nur die zu spielenden Töne am Instrument zu belassen und/oder unmittelbar nebeneinander zu platzieren.
- Die Notierungsmöglichkeiten verändern sich dadurch nicht. Um sich später auch auf der Klaviertastatur besser zurecht zu finden bzw. die Tonleiter besser verstehen und begreifen zu können, sollten die Töne nur herausgenommen werden, wenn das Spiel des Instruments sonst nicht möglich ist.
- *Schlägel:* Die Griffigkeit des Schlägelstabs wird durch das Umwickeln mit Klebeband oder durch einen „Fimogriff" (Griffverstärkung aus Fimo-Modelliermasse) verbessert. Ein dickerer und rutschfester Griff erleichtert die Spielbarkeit nicht nur für Schüler mit feinmotorischen Schwierigkeiten.
- *Markierungen:* Die Markierungsmöglichkeiten bei Stabspielen sind mit denen des Keyboards identisch, sodass diese hier nicht separat aufgelistet werden. Oft sind die Klangstäbe schon mit Tonnamen gekennzeichnet.

Musik machen mit barrierefreien Instrumenten

In besonderen Fällen ist die Adaption oder Neuentwicklung von barrierefreien Instrumenten nötig, um Schülern eine vollwertige, aktive Teilhabe an instrumentaler Musikpraxis mit anspruchsvollen und ansprechenden musikalischen Ergebnissen zu ermöglichen. Ob spezielle Instrumente oder Verfahren der Klangerzeugung nötig sind oder ob herkömmliches Instrumentarium ausreicht, hängt von der Art der Einschränkung ab.

Für Schüler, die häufig unbeabsichtigte Bewegungen ausführen, eignen sich z. B. Lösungen, bei denen rhythmische Genauigkeit nicht zwingend erforderlich ist. Schüler mit wenig Muskelkraft benötigen Klangerzeuger mit wenig Widerstand, während Schüler, für die ein hoher Atemwiderstand problematisch ist, auf widerstandslosen Instrumenten spielen können (z. B. Magische Flöte).

Neben elektronischen Klangerzeugern und -controllern sowie elektronischen Hilfen an realen Instrumenten gibt es eine Reihe akustischer Instrumente mit speziellen Eigenschaften. Im Folgenden werden einige Beispiele vorgestellt, die als Inspirationshilfe dienen können.

Elektronische Klangerzeugung und -kontrolle: Für Schüler mit und ohne Körperbehinderung gibt es speziell entwickelte elektronische Instrumente, die die Bewegungen des Spielers in der Luft – ähnlich einem Theremin – erfassen und somit berührungsfrei in Klänge/Geräusche übersetzen. Hierbei werden z. B. verschiedene Tonhöhen durch Abstandssensoren generiert oder Körperschatten über Lichtsensoren in Klänge übersetzt.

Die Instrumente bestehen z. B. aus Metallkugeln, über die bzw. zwischen denen die Hände geführt werden, oder aus Sensoren auf Stativen (z. B. Soundbeam, Quintet), die mit entsprechender Computer-Peripherie und Midi-Technik zur Übersetzung in Klänge verbunden sind.

Auch gängige, auf dem regulären Musikmarkt erhältliche Klangerzeuger wie der Kaossilator von KORG eignen sich u. U., da die Spieler lediglich mit dem Finger über eine berührungsempfindliche Oberfläche streifen müssen.

Außerdem gibt es Speziallösungen für den Umgang mit dem Computer wie Switch Jam und Switch Ensemble, E-Scape oder GridPlay, mit deren Hilfe Gruppenmusizieren möglich wird.[1]

Instrumente mit elektronischen Spielhilfen: Beispielhaft sei die Entwicklung eines Cellos genannt, das über Abstands- und Lichtsensoren verfügt. Es wird gespielt, indem eine Hand des Spielers vor dem Cello auf und ab bewegt wird oder von ihm Schatten erzeugt werden.

Tablet-PCs, Smartphones, Computer: Im Hinblick auf das fächerübergreifende Bildungs- und Erziehungsziel „Medienkompetenz" besteht eine Aufgabe des Musikunterrichts darin, die bewusste und zielgerichtete Verwendung neuer

---

1 Weitere Informationen (auch bezüglich des Nachfolgenden):
http://www.inklusive-medienarbeit.de/hands-off-music-ein-gastbeitrag-von-sven-hahne/
http://www.mybreathmymusic.com/de/instrumenten.php

Medien im Bereich Musik zu vermitteln. Über das bloße Abspielen von Musik hinaus (inklusive der Kauf-, Download-, Streamingprozesse) bieten Tablet-PCs, Smartphones und Computer unzählige Möglichkeiten für einen kreativen Umgang mit Musik.

Die Bandbreite reicht von Apps mit Übefunktionen (etwa zu Rhythmusschulung, Gehörbildung- oder Harmonielehre) über die digitale Nachahmung von Instrumenten bis hin zu kreativen Musikproduktionstools, DJ-Programmen, Notations- und Klangerzeugungssoftware sowie audiovisuellen Gestaltungsmöglichkeiten.

Im inklusiven Musikunterricht bieten digitale Medien zahlreiche Einsatzmöglichkeiten. Heterogene instrumentale Voraussetzungen können durch die vereinfachte Reproduktion und Spielweise von Instrumenten, etwa auf dem iPad, ungeachtet der ästhetischen Unterschiede im Vergleich zu einer realen Klangerzeugung, ein Stück weit egalisiert werden. Unabhängig vom Besitz eines Instruments oder vom Zugang zu einem Computer mit Musikproduktionssoftware können die elektronischen Derivate, die zu einem großen Teil kostenlos erhältlich sind, als Ausgleich dienen.

Für Schüler mit starken motorischen Einschränkungen bieten sich Apps an, die großräumige Bewegungen auf dem berührungsempfindlichen Display in Klänge und Geräusche übersetzen. Für Schüler mit dem Förderschwerpunkt *Sehen* können Anwendungen gefunden werden, die auf die besonderen Bedürfnisse, z.B. durch deutlich erkennbare Schaltflächen und farbliche Unterscheidungsmerkmale sowie Vergrößerungsfunktionen, Bezug nehmen. Schüler mit dem Förderschwerpunkt *Hören* haben die Möglichkeit, ihr Medium über einen offenen oder halboffenen Kopfhörer besonders laut zu stellen und gleichzeitig noch die Mitspieler zu hören.

Akustische Instrumente:
Die **ULWILA-Instrumente** werden von Heinrich Ullrich und Hermann Josef Wilbert in Kooperation mit den Landshuter Werkstätten, einer Einrichtung der Lebenshilfe Landshut e.V., entwickelt. Sie sind traditionellen Instrumenten nachempfunden, beruhen jedoch auf einer stark vereinfachten Ausführung. So werden z.B. Saiteninstrumente angeboten, die nur aus einer Saite zur Melodiebildung bestehen oder aus Saitensträngen, mit denen sich durch Andrücken der Saiten entweder Dur- oder Mollakkorde erzeugen lassen.

Außerdem gibt es Saiteninstrumente mit farblichen Markierungen, die dem eigens entwickelten Notensystem entsprechen. Bei verschiedenen Röhrenglockenspielen und Blasinstrumenten wurde die Tonerzeugung durch spezielle Mundstücke sowie durch die Verbesserung der Haptik und der Tonerzeugung erleichtert.[2]

Die **Veeh-Harfe** ist ein Saitenzupfinstrument, das ohne Notenkenntnisse gespielt werden kann, für das jedoch eine spezielle, einfache Notenschrift in Verbindung mit Notenschablonen entwickelt wurde.[3]

Klangraum als Instrument: Je nach räumlichen und finanziellen Ressourcen ist die Einrichtung eines interaktiven Klangraumes nach dem visionären Vorbild der Anna-Freud-Schule in Köln denkbar. Dort erfassen Sensoren die Bewegungen der Schüler im Raum und übersetzen die Bewegungen in Klänge und Geräusche.

Dabei kommen verschiedene Deckenprojektionen und spielerische Ideen der interaktiven Verklanglichung zum Einsatz, die von den Schülern und professionellen Mediengestaltern gemeinsam entwickelt wurden.[4]

Klassenmusizieren nach Noten

Die Notenlehre kann schwer vom Instrumentalspiel abgekoppelt werden. Nur durch praktische Anwendung wird für die Schüler die Bedeutung und Sinnhaftigkeit des Notenlesens bewusst und einsichtig. In inklusiven Klassen sollte mit verschiedenen Notensystemen gearbeitet werden, um alle Schüler auf ihrem Niveau zu fordern und zu fördern.

Notenschrift: Schüler, die in der Lage sind, Noten zu lesen, sollten unbedingt regelmäßig diese Fähigkeit einsetzen und trainieren, da Nachhaltigkeit nur durch regelmäßige Übung erreicht werden kann. Um die entsprechenden Noten auch auf dem Instrument wiederzufinden, ist eine vorübergehende Markierung der Klaviertasten oder Klangstäbe sinnvoll. Dafür eignen sich Tastenreiter oder Aufsteller besser als Klebepunkte, da diese schneller wieder entfernt werden können (siehe Abbildung auf S. 142), wenn sie nicht mehr benötigt werden.

Außerdem müssen die Schüler so nicht in jeder Stunde das persönlich adaptierte Instrument suchen, sondern jedes Instrument kann für sie zeitsparend

---

2 Weitere Informationen: http://www.hu-s.de
3 Weitere Informationen: http://veeh-harfe.de
4 Weitere Informationen: http://www.anna-freud-schule.de

individuell angepasst werden. Sind Hilfesysteme fest installiert, werden die Schüler nicht zum eigenständigen Denken angeregt und können ihre Fähigkeiten nicht weiterentwickeln.

Farbsystem: Für Schüler mit Lernschwierigkeiten ist das Lesen von Noten oft erschwert. Trotzdem sollten sie angeregt werden, sich mit der Notenschrift zu beschäftigen. Lehrkräfte neigen bisweilen dazu, Aufgaben zu stark zu vereinfachen, ohne den nächsten Entwicklungsschritt im Blick zu haben. Zum Anbahnen des Notenlesens ist das Spiel nach einem Farbsystem ideal, dabei stehen verschiedene Farben für unterschiedliche Töne.

Die Farben stützen sich aus Gründen der Praktikabilität auf das bestehende Farbsystem der Boomwhackers. Bunte „Aufsteller" können zunächst auf die Tasten oder auf die Stabspielplatten gestellt werden. Um das Notenlesen weiter zu fördern und das Arbeiten ohne Farben anzubahnen, können die Noten auf gewohnte Weise notiert, jedoch zusätzlich farbig dargestellt werden.

Auch gängige Notationssoftware ermöglicht dies teilweise. Ein eigenes System einer „Farbnotation" stammt von Heinrich Ullrich. Es basiert auf einer bewussten Farbgebung von „dunkel" (tiefe Töne) nach „hell" (hohe Töne) sowie auf Variationen der Kreisform für die Angabe der Noten- und Pausenwerte. Die Notationsweise wird zum Singen sowie in Verbindung mit entsprechend gestalteten Noten und Spielschablonen für Instrumente verwendet.[5] Auf Seite 142 finden Sie eine Schablone (leider hier nur schwarzweiß).

Buchstabensystem: Alternativ zum Farbsystem kann auch das Buchstabensystem verwendet werden. Dabei werden die Noten durch ihre Notennamen ersetzt. Diese Differenzierung bahnt allerdings nicht das Notenlesen an und ist vor allem für Schüler geeignet, die bereits mit der Zuordnung von Notennamen und richtiger Taste bzw. richtigem Klangstab Schwierigkeiten haben.

An-/Aus-Prinzip: Für Schüler mit dem Förderschwerpunkt *Geistige Entwicklung* ist es häufig zu schwer, eine Melodie abzulesen und umzusetzen, auch wenn diese durch Buchstaben dargestellt ist. Das Prinzip des Notenlesens kann aber auch hier vermittelt werden. Betreffenden Schülern wird dazu nur *ein* Klangstab oder *eine* Taste zugeordnet. Mit Hilfe von Kreuzen oder anderen Sym-

---

5 Weitere Informationen zur Farbnotation von Heinrich Ullrich in Manhart, Johanna (2007): MusikFarbenSpiel: Musizieren mit Menschen mit geistiger Behinderung. Konzeption, Durchführung und Evaluation einer Unterrichtssequenz. Online unter: http://epub.ub.uni-muenchen.de/11824/1/serv_zula_manhart.pdf <12.06.2015>

bolen wird gekennzeichnet, wann der Ton angeschlagen werden soll („an") oder nicht erklingen darf („aus"), wie es das Beispiel zeigt.

Ton C															
1	2	3	4	1	2	3	4	1	2	3	4	1	2	3	4
x	x	x	x					x			x				

Tabulatur: Das Gitarrenspiel nach Noten gestaltet sich für Schüler ohne Instrumentalerfahrung aufgrund des Abstraktionsgrades sehr schwierig. Als Hilfestellung kann das Spiel nach einer Tabulatur in Erwägung gezogen werden. Es bietet sich an, beide Systeme untereinander abzudrucken, um einen Abgleich zwischen traditioneller Notenschrift und Tabulatur zu ermöglichen.

In der Tabulatur stellen die Linien die Gitarrensaiten dar. Mithilfe von Notenköpfen und -hälsen können sowohl Notenwerte als auch die anzuschlagende Saite dargestellt werden. Der Bund, in dem die Saite gegriffen werden muss, steht im Notenkopf oder unter dem System.

Visuelle Hilfestellungen für Noten und Arbeitsaufträge

Um eine Melodie nach Noten auf einem Instrument zu spielen, sollten sich die Schüler zuerst einen Überblick über den Notentext verschaffen und Fragen klären wie:

- Welche Töne werden verwendet?
- Wie ist die Melodie aufgebaut?
- Welche Vorzeichen müssen eventuell beachtet werden? etc.

Schüler mit Problemen beim Notenlesen können sich im zweiten Schritt die Notennamen unter die Töne schreiben. Sind die Arbeitsaufträge laminiert, kann dies mit einem wasserlöslichen Folienstift geschehen. Die Einträge können später wieder entfernt werden, um den Schüler erneut zu fordern. Für einige Schüler ist es hilfreich, den ersten Ton auf einer Tastaturskizze oder in der Tabulatur zu markieren.

Die Arbeitsaufträge sollten klar strukturiert und kleinschrittig sein. Als Alternative zu differenzierten Arbeitsaufträgen können einheitliche Aufgaben mit Hilfestellungen konzipiert werden. Hierfür wird ein DIN-A4-Blatt in zwei Hälften geteilt. In der oberen Hälfte steht der Arbeitsauftrag, der für alle Schüler gleich ist, unten werden zusätzliche Hilfen angegeben. Das Blatt wird in der

Name: _____ Klasse: _____ Datum: _____

Arbeitsauftrag Gitarre

Ihr habt 15 Minuten Zeit.
Übt die unten abgebildete Stimme mit der Gitarre.
Achtet auf die Zählzeiten und spielt auf der g-Saite.
Spielt mit dem Zeigefinger oder Mittelfinger.
Der erste Ton liegt im 11. Bund.

a) Schreibt die Notennamen unter die Töne.
b) Übt nur **den ersten Takt (4 Töne)**.
c) Übt nur **den zweiten Takt (4 Töne)**.
d) Setzt beide Takte zusammen. So findet ihr die Töne auf der g-Saite:

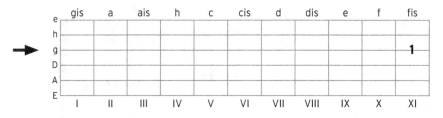

....

Rhythmus:

1 +	2 +	3 +	4 +	1 +	2 +	3 +	4 +
fis^2	e^2	d^2	cis^1	h^1	a^1	h^1	cis^2

Melodie:

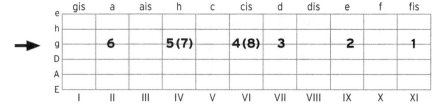

Name: _____ Klasse: _____ Datum: _____

Arbeitsauftrag Keyboard

Ihr habt 15 Minuten Zeit.
Übt die unten abgebildete Stimme am Keyboard.
Achtet auf die Zählzeiten.
Spielt gemeinsam an einem Keyboard.
Der erste Ton liegt auf dem fis (schwarze Taste).

a) Schreibt die Notennamen unter die Töne.
b) Übt nur **den ersten Takt (4 Töne)**.
c) Übt nur **den zweiten Takt (4 Töne)**.
d) Setzt beide Takte zusammen.

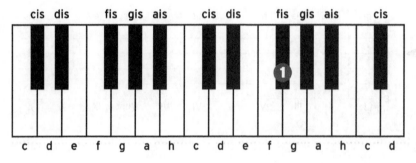

Rhythmus:

1 +	2 +	3 +	4 +	1 +	2 +	3 +	4 +
fis^2	e^2	d^2	cis^2	h^1	a^1	h^1	cis^2

Melodie:

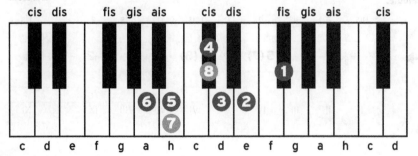

Mitte geknickt, sodass die Hilfen nicht sofort sichtbar sind. Die Schüler werden ermutigt, diese Hilfen nur zu verwenden, wenn sie nicht weiterkommen.

Am Beispiel des Anfangsmotivs des Kanons in D-Dur von Johann Pachelbel werden auf den Kopiervorlagen (S. 113 und 114) zwei Arbeitsaufträge für die Instrumente Keyboard und Gitarre vorgestellt. Als Hilfe ist der vorgegebene Rhythmus vereinfacht dargestellt. Außerdem sind die benötigten Tasten bzw. Saiten markiert, sodass ein vereinfachtes Spiel der Melodie – auch ohne Notenkenntnis – möglich wird. Dabei stellen die Ziffern die Reihenfolge der zu spielenden Töne dar. Absteigende Töne sind dunkler, aufsteigende Töne heller dargestellt.

Im Unterricht können statt der grauen Punkte auch gemusterte oder farbige Klebepunkte verwendet werden, die auf die Instrumente übertragen werden. Dies hilft besonders Schülern mit dem Förderschwerpunkt *Lernen* oder *Geistige Entwicklung*.

Rhythmussprache

Mithilfe einer Rhythmussprache können sich Schüler Rhythmen besser merken und sie leichter umsetzen und notieren. Dabei werden die verschiedenen Notenwerte einzelnen Silben zugeordnet. So kann der Rhythmus sprachlich wiedergegeben werden; es entsteht ein eigener Geheimcode. Mithilfe dieses Codes fällt es den Schülern leichter, Rhythmen zu notieren. Im Folgenden wird die Rhythmussprache von Zoltán Kodály verwendet:

Halbe Note				Halbe Note			
ta-		ja		ta-		ja	
1	+	2	+	3	+	4	+

Viertel Note		Viertel Note		Viertel Note		Viertel Note	
ta		ta		ta		ta	
1	+	2	+	3	+	4	+

2 Achtel Noten		2 Achtel Noten		2 Achtel Noten		2 Achtel Noten	
ti	ti	ti	ti	ti	ti	ti	ti
1	+	2	+	3	+	4	+

Halbe Note				2 Achtel Noten		Viertel Note	
ta-		ja		ti	ti	ta	
1	+	2	+	3	+	4	+

Schülern mit dem Förderschwerpunkt *Geistige Entwicklung* helfen einfache Wörter oder Bilder, z.B. zum Thema Tiere oder Obst, die die Rhythmen ersetzen. Auf der Kopiervorlage auf Seite 117 sind einige Beispiele angegeben. Das Aneinanderreihen der Bilder unterstützt das Erfassen, Wiedergeben und Notieren von Rhythmen. So können auch Schüler ohne Notenkenntnisse Rhythmen notieren und selbst kleine Rhythmusstücke erfinden. Die Bildkarten können auch gemischt und nach Zufallsprinzip aneinandergelegt werden. So entstehen kleine, zufallsbestimmte Kompositionen. Das Hochhalten einzelner Karten kann für die gebundene Improvisation genutzt werden.

Verschiedene Schwierigkeitsgrade bei Musikstücken

Für Gruppen mit sehr verschiedenen musikalischen Vorerfahrungen eignen sich Musikstücke und Arrangements, die unterschiedliche musikalische Anforderungen an die Ausführenden stellen. So kann sich sowohl der technisch versierte als auch der instrumental vollkommen unerfahrene Schüler gleichermaßen einbringen und zum Gesamtergebnis beitragen.

Im folgenden Beispiel (siehe Kopiervorlage S.118) wird der Pachelbel-Kanon eingesetzt, der u.a. durch den 1997 veröffentlichen Song „C U when U get there" des US-amerikanischen Rappers Coolio bekannt wurde und harmonisch die Grundlage für zahlreiche Popsongs- und HipHop-Produktionen lieferte.

Im Arrangement finden sich unterschiedliche Schwierigkeitsgrade im Hinblick auf die rhythmisch-melodische Gestaltung. Grundsätzlich können notierte Stimmen auch weggelassen und weitere hinzugenommen werden.

Die Akkordzeile dient der freien Ausgestaltung, etwa durch Schüler, die zwar über Erfahrung in einer Band und im freien Spiel, jedoch nicht über Notenkenntnisse verfügen. Die Instrumentierung bietet einen großen Spielraum. Es können verschiedene Stabspiele, Tasteninstrumente, Boomwhackers, Klangstäbe und Saiten- und Blasinstrumente (ggf. Notenmaterial transponieren!) zum Einsatz kommen.

Der Lehrer oder ein Schüler kann die durchnummerierten Notenzeilen, die ständig wiederholt werden, beim Spielen beliebig hinzuwinken oder gestisch wegnehmen und so ein Live-Arrangement erzeugen.

Bildkarten

Beispiel für eine Viertel Note:

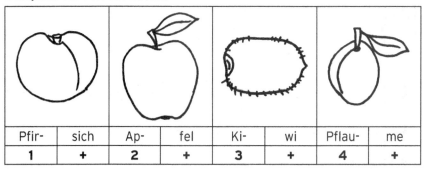

Obst							
1	+	2	+	3	+	4	+

Beispiele für Achtel Noten:

Pfir-	sich	Ap-	fel	Ki-	wi	Pflau-	me
1	+	2	+	3	+	4	+

Beispiel für zusammengesetzte Notenwerte:

Was-		ser-	me-	lo-		ne	
1	+	2	+	3	+	4	+

Kanon

Arr. Daniel Mark Eberhard

Kanon von Johann Pachelbel

Musik machen mit Alltagsgegenständen

Ganz im Sinne der auditiven Wahrnehmungserziehung kann alles Geräuschhafte und Erklingende als Musik gedeutet und verstanden werden. Dies eröffnet weite Spielräume, da Menschen unabhängig von ihren instrumental- und vokalspezifischen Kenntnissen und Fertigkeiten miteinander Musik machen können.

Mit Zeitungspapier, Küchengegenständen, Joghurtbechern, geriffelter Pappe, Bällen, Stöcken, Spielkarten, Schlüsseln etc. werden musikalische Gestaltungsmittel (Dynamik, Tempo, Artikulation etc.) ebenso wie mit regulären Instrumenten und der Stimme umgesetzt.

Geübte Instrumentalisten oder Sänger haben die Gelegenheit, ihre Musikalität mit in das kollektive Musizieren einzubringen und auf ungewöhnlichen Instrumenten völlig neue musikalische Erfahrungen zu machen. Umgekehrt ermutigt die Musizierpraxis mit Alltagsinstrumenten Schüler ohne instrumentale/vokale Erfahrung zum Musizieren. Es gibt dabei kein „Richtig" und „Falsch", im Vordergrund steht das geräuschhafte, klangliche Gestalten und Erleben.

Die Schüler können den Komplexitätsgrad ihres Spiels bei entsprechend gestalteter Praxis selbst wählen, wodurch sich ein Höchstmaß an Differenzierung und Individualisierung erreichen lässt. Thematische Beispiele für das Musizieren mit Alltagsgegenständen können sein:

- die gemeinsame musikalische Gestaltung eines Sonnenaufgangs oder Regens,
- die improvisatorische Umsetzung musikalischer Parameter in Kleingruppen (z. B. einen dynamischen Verlauf oder Tempowechsel darstellen),
- die Umsetzung einer musikalischen Grafik/Notation,
- die Begleitung eines Lieds,
- die Vertonung einer Spielszene, eines Films, eines Gedichts oder eines Textes.

> **Tipp**: Anregungen für das Musizieren mit Alltagsgegenständen finden sich in einschlägigen Publikationen (z. B. NEUMANN 2000, hier inspiriert durch die Gruppe „Stomp", aber auch in Publikationen zur Gruppenimprovisation, z. B. SCHWABE/TERHAG).

Bodypercussion

Den eigenen Körper als Instrument wahrzunehmen und zu nutzen, ist für alle Schüler eine anregende Erfahrung. Geräusche werden auf der auditiven und taktilen Ebene unmittelbar am eigenen Körper erlebt, wodurch Körperbewusstsein und Körpergefühl trainiert werden. Der perkussive Umgang mit verschiedenen Körperteilen ist nicht nur rhythmisch, sondern auch koordinativ eine Herausforderung für die Schüler. Durch gezielte Vorübungen am Körper können Handsätze oder das Spiel am Schlagzeug vorbereitet, sowie Rhythmen gefestigt und später auf Instrumente übertragen werden.

Neben verschiedenen Möglichkeiten des Warm-ups können Lieder mit Bodypercussion begleitet oder selbstständige Arrangements erfunden werden. Für eine heterogene Lerngruppe bieten sich folgende Erarbeitungsszenarien an:

Text unterlegen: Nicht nur bei der Arbeit mit Bodypercussion, sondern auch bei der objektbezogenen Percussion oder anderen rhythmischen Übungen kann man Rhythmen mit einem Text unterlegen, um Schüler beim Erfassen und Wiedergeben zu unterstützen. Die sprachlichen Hilfen lassen versierte und sichere Schüler später weg, andere benötigen sie über einen längeren Zeitraum. Als weitere Hilfestellung kann sich der Text auch explizit auf die Körperteile beziehen, die gespielt werden.

a)   b)

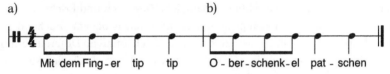

Sukzessives Erarbeiten: Nacheinander werden die einzelnen Körperteile zur Rhythmussprache eingeführt, sodass sich der vollständige Bodypercussion-Satz vom Einfachen hin zum Komplexen aufbaut. Falls einzelnen Schülern die Erarbeitung zu schwer fällt, können sie beim Basisrhythmus bleiben, bis sie sich sicher genug fühlen. Dabei können sie trotzdem am gemeinsamen Spiel teilhaben und fallen nicht durch „falsches" Spielen auf.

Schüler mit hohen musikalischen Fähigkeiten können mehrere Rhythmen erarbeiten, die anschließend gleichzeitig gespielt und zu einem Arrangement verdichtet werden. Auch hier können Schüler, die Schwierigkeiten haben, ihren Rhythmus stabil zu halten, die einfacheren Basisrhythmen spielen.

Die sukzessive Erarbeitung lässt sich nicht nur auf die Arbeit mit Bodypercussion reduzieren, sondern auch auf andere Unterrichtseinheiten mit rhythmischem Schwerpunkt, wie z. B. Objektpercussion und Liedbegleitung, übertragen.

Beispiel: Rhythmusstück „Bodypercussion"

Rhythmusbaustein 1: „Was ist das?"
Neben dem Sprechtext „Was ist das?" wird nur der erste Schlag auf den Oberschenkel (O) eingeführt. So entsteht gleichzeitig der Grundschlag.

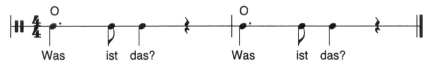

Anschließend wird auf der dritten Zählzeit in die Hände geklatscht (K).

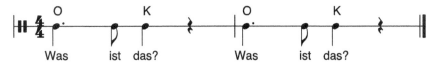

Als letzter Schritt wird die Achtelnote durch das Schlagen auf den Brustkorb (B) eingeführt. Als weitere Vereinfachung kann die Viertelpause durch das Füllwort „Hä?" oder durch eine öffnende Geste der Hände (Ö) dargestellt werden.

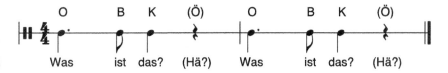

Rhythmusbaustein 2: Bodypercussion
Der erste Rhythmus entspricht dem zweiten Pattern des Rhythmus' „Was ist das?", allerdings wird nur geklatscht, sodass das Körperinstrument nicht gewechselt werden muss.

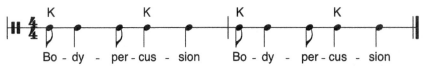

Das zweite Pattern nimmt den Brustschlag hinzu.

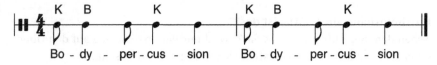

Als Differenzierung kann auf das Klatschen auf der dritten Zählzeit vorerst verzichtet werden.

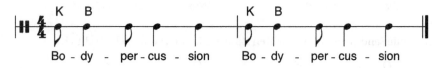

Schließlich wird das vollständige Pattern eingeführt.

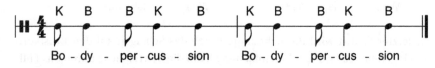

Rhythmusbaustein 3: Oberschenkel, Po, Brust und Bauch
Dieser Rhythmusbaustein erstreckt sich über zwei Takte. Durch das Spiel von einzelnen Körperteilen kann hier auf verschiedene Weise differenziert werden. Zu Beginn werden nur die Schläge auf den Bauch (Ba) und den Po (P) gespielt.

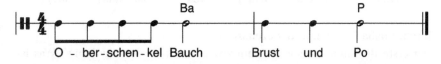

Nach und nach werden weitere Körperinstrumente hinzugenommen, bis das Pattern vollständig ist.

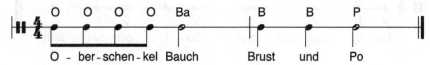

Differenzierung: Ist das Spiel auf verschiedenen Körperinstrumenten einge-schränkt, z.B. durch motorische Beeinträchtigungen oder geringe koordinative Fähigkeiten, können die Rhythmen auch nur geklatscht oder gepatscht werden, ohne das Körperinstrument zu wechseln.

Beim Rhythmusbaustein 3 können sich die Schüler ein Körperinstrument wählen, welches sie isoliert spielen (z.B. nur Oberschenkel, nur den Po).

Rhythmuskreis

In einem Rhythmuskreis werden ganz allgemein die rhythmischen Fähig-keiten der Schüler trainiert und vertieft. Das rhythmische Warm-up kann auch als Hinführung zu einem Unterrichtsthema eingesetzt werden, indem Rhyth-men aus einem zu erarbeitenden Arrangement oder Song eingeführt und später wieder aufgegriffen werden. Durch diese Vorübungen können Schüler mit rhythmischen Schwierigkeiten eher am gemeinsamen Musizieren teilnehmen.

Call and response: Das Vor- und Nachklatschen von unterschiedlichen Rhythmen kann am eigenen Körper oder auf unterschiedlichen Materialien er-folgen. Der Lehrer oder ein Schüler klatschen dabei einen Rhythmus vor und die übrigen Schüler klatschen nach. Zur Vereinfachung können die Rhythmen mit Wörtern oder Textbausteinen unterlegt werden.

Um in einen gemeinsamen Groove zu kommen, laufen die Schüler im Grund-puls jeweils einen Schritt vor und zurück. Schüler, für die das Laufen und Klat-schen motorisch und koordinativ zu komplex ist, bleiben am Platz stehen, sehen und hören aber dennoch den Puls. Das Vor- und Zurücklaufen im Puls ist etwas einfacher als das Seitwärtslaufen, da bei der Kreisaufstellung auf eine gemein-same Richtung geachtet werden muss, um nicht mit dem Nachbarn zusammen-zustoßen.

Stille Post: Ein Rhythmus wird durch das Klopfen auf den Rücken des Nach-barn im Kreis herumgegeben. Der letzte Schüler in der Reihe darf den Rhythmus laut klatschen. Dieser wird mit dem zu Beginn vorgegebenen Rhythmus vergli-chen. Die Übung fällt vielen Schülern schwer, da der Rhythmus nur gespürt, nicht aber gehört werden kann. Unterschiedliche Leistungsstände sind bei die-ser Übung nicht relevant, da nicht herausgefunden werden kann, wo sich der Ursprungsrhythmus verändert hat. Sowohl der Ausgangsrhythmus als auch das Ergebnis der Stillen Post können jeweils abschließend geklatscht und verglichen werden.

Rhythmen erfinden: Die Schüler laufen in einem Grundpuls und klatschen darüber reihum jeweils einen eigenen Rhythmus. Leistungsschwächere können vorhergehende Rhythmen wiederholen oder den Puls klatschen. Da Schüler bisweilen dazu neigen, zu schwierige Rhythmen zu klatschen oder Mühe haben, sich eigene Rhythmen auszudenken, können Karten mit verschiedenen Notenwerten oder ganzen Rhythmen in der Kreismitte ausliegen, auf die sich die Schüler beziehen können.

4.7 Musik erfinden (Produktion)

Der musikalische Umgangsbereich „Produktion" (Musik erfinden) eignet sich wegen der kreativen, individuellen Gestaltungsmöglichkeiten besonders für heterogene bzw. inklusive Gruppen.

Gruppenimprovisation

Musikalische Einfälle werden von den Gruppenmitgliedern im Moment ihrer Entstehung oder unmittelbar danach in klingende Musik umgesetzt. Die eigenen Impulse sowie die Klang- und Geräuschproduktionen der Mitspieler beeinflussen sich wechselseitig, sodass ein enges Aufmerksamkeits- und Beziehungsnetz zwischen den Gruppenmitgliedern entsteht.

Unterschieden werden Gruppenimprovisationen mit Themen- oder Regelvorgaben von freien Improvisationen, die ohne jegliche Vorgabe stattfinden. Dem Lehrer kommt bei der Gruppenimprovisation die Rolle des Initiators zu, während des Spielverlaufs ist er Mitmusizierender ohne Sonderstatus.

Für die Durchführung von Gruppenimprovisationen gilt, dass nicht gesprochen wird. Je nach Improvisationsaufgabe definiert die Gruppe selbst und nur durch musikalische Aktionen oder durch Blickkontakt Anfang, Verlauf und Ende.

Gruppenimprovisationen weisen im inklusiven Musikunterricht mehrfache Potenziale auf:

- Es gibt kein Richtig oder Falsch. Dies gilt insbesondere für ametrische Übungen, bei denen kein durchgehender, gleichmäßiger Puls vorausgesetzt wird.
- Jeder Schüler wählt die zu seinen musikalischen (Vor-)Kenntnissen und Vorerfahrungen passenden musikalischen Aktionen aus. Musikalische Leistungsunterschiede aufgrund instrumentaler/vokaler Förderung, Sozialsituation, Sozialumfeld, Herkunft etc. werden weitgehend irrelevant.

- Musikalisch geförderte Schüler machen ebenso wie Schüler ohne bisherige Förderung neuartige musikalische Erfahrungen. Je nach individuellem Ausdrucksbedürfnis können die Schüler ihren momentanen Stimmungen, ihrem Kommunikations- und Interaktionsbedürfnis freien Lauf lassen und somit ihrer Identität Ausdruck verleihen.
- Durch den Fokus auf die entstehende Musik ordnet sich das soziale Gefüge: Zurückhaltende Schüler werden animiert, aktiv zu werden und sich musikalisch einzubringen, Leitfiguren unter den Schülern werden zur Zurückhaltung und Anpassung an das Gruppengeschehen angehalten.

Für Gruppenimprovisationen eignen sich verschiedene Herangehensweisen. Eine grobe Unterteilung entsteht durch die Aufteilung in ametrische und metrische Übungen, d. h. mit oder ohne zugrunde liegendem Puls (Metrum):

- *ametrische Übungen:* Klangexperimente mit Klang- und Geräuscherzeugern (auch digital), Gestaltung eines Sonnenaufgangs, eines Regens, eines Donners etc.
- *metrische Übungen:* rhythmische Übungen und Überlagerungen über einem Puls (z. B. kollektiv wie eine Maschine klingen), schneller und langsamer, lauter und leiser werden, einen Puls/einen Rhythmus umherwandern lassen etc.

Improvisation mit der Stimme

Zahlreiche Anwendungen für den improvisatorischen Umgang mit der Stimme haben eher stimmbildnerischen Charakter und zielen auf Atemführung, Artikulation oder Bewusstsein für Resonanzräume; dies reicht bis zu klanglichen, sprachbetont- oder geräuschhaft-experimentellen Gestaltungsversuchen und gebundenen Formen wie z. B. Scat-Gesang im Jazz.

Je nach Übung spielt die Tonhöhe eine untergeordnete Rolle, sodass auch Schüler im Stimmbruch bzw. ohne jegliche Sing-Förderung gleichberechtigt partizipieren können. Dies ist z. B. bei Einsing- oder Summ-Übungen auf einem frei gewählten Ton der Fall, von dem ausgehend Glissandi, stufenweise Tonhöhenveränderungen, Rhythmisierungen, verschiedene Artikulationsformen, Cluster-Bildungen etc. stattfinden können.

Für Schüler mit Einschränkungen in den Bereichen *Sprache* und *Geistige Entwicklung* bieten sich Übungen an, bei denen nicht die Reproduktion vorgegebener Silben, sondern eigene Artikulationsformen gefordert werden: etwa beim improvisatorischen Einsatz der „Clownsprache" zur Umsetzung verschiedener

Situationen und Gefühle (streitendes Ehepaar, Verliebtsein, sentimentale Unterhaltung etc.).

Bei vorgegebener Tonhöhe entstehen durch Rhythmisierung von Tönen und Akkorden improvisatorisch komplexe musikalische Ergebnisse, zu denen jeder Schüler nach seinem Leistungsstand beiträgt. Beatboxing bzw. Vocussion eignet sich als „Stand-Alone"-Musizierweise sowie als Schlagzeugersatz beim Klassenmusizieren und befördert Mundmotorik, Rhythmik und Artikulation bei Schülern mit dem Förderschwerpunkt *Sprache*.

Tipp: Zu diesem Bereich finden Sie in diesen Büchern weitere Informationen.
- Brauerhoch, Ulrike (2011): Die Stimme (Musik-Themenhefte). Mühlheim: Verlag an der Ruhr.
- Friedemann, Lilli (1983): Trommeln-Tanzen-Tönen. 33 Spiele für Große und Kleine. Wien: Universal Edition AG.
- Schwabe, Matthias (1992): Musik spielend erfinden. Improvisieren in der Gruppe für Anfänger und Fortgeschrittene. Kassel: Bärenreiter.
- Terhag, Jürgen (2011): Warm-ups. Musikalische Übungen für Kinder, Jugendliche und Erwachsene. Mainz: Schott.
- Terhag, Jürgen (2013): Improvisation: Elementare Arbeit mit Kindern, Jugendlichen und Erwachsenen. Mainz: Schott.

Gebundene Improvisation

Im Rahmen des Klassenmusizierens lässt sich auch in vorgegebenen Ton- und Harmonieräumen mit Instrumenten improvisieren. Einfache, ein-, zwei- oder viertaktige Ostinati bieten hierfür einen guten Ausgangspunkt. Die Ostinati können selbstständig musiziert oder zur Liedbegleitung verwendet werden. Sie bestehen aus einem Akkord (z. B. C-Dur; D-Moll), aus zwei Akkorden (z. B. G-Dur – E-Moll), aus einer Kadenz (z. B. I – IV – V – I, I – VIm – IIm – V oder I – IIm – V(7) – I) etc.

Zur Begleitung kann der Lehrer oder eine Schülergruppe live musizieren oder es wird ein Playback eingesetzt, z. B. aus einem Keyboard mit Begleitautomatik, von einer Handy-App (z. B. iReal), einer Software (z. B. Band in the Box), aus dem Internet (z. B. bei Youtube; Spotify) oder von professionellen Play-Alongs (z. B. von Jamey Aebersold).

Durch anfänglich starke Reduktion des Tonmaterials sollen Überforderung und klanglich unbefriedigende Ergebnisse vermieden werden, z. B. durch:

- *Ein-Ton-Improvisation:* Ein vorgegebener Ton (z. B. C) wird frei rhythmisiert. Jeder Schüler spielt auf diese Weise ein kurzes Solo auf seinem Instrument.
- *Pentatonik:* Da beim Einsatz einer pentatonischen (d. h. fünf Töne umfassenden) Skala die „kritischen", da spannungserzeugenden, Leittöne auf der vierten und siebten Stufe fehlen, können die Schüler keine „Fehler" machen. Die Aneinanderreihung dieser Töne klingt immer richtig. Der Einsatz ist sowohl metrisch gebunden als auch ametrisch möglich. Beispiele sind die C-Dur-Pentatonik mit den Tönen C, D, E, G, A oder die A-Moll-Pentatonik mit demselben Tonmaterial in anderer Reihung und Gewichtung: A, C, D, E, G.
- *Verwendung einer diatonischen Skala:* Der Tonraum einer Skala sollte sukzessive aufgebaut und erweitert werden, sodass die Schüler den Unterschied zwischen Zieltönen (= Akkordtöne) und Neben-, Durchgangs- und Zwischentönen verstehen und erfahren. Eine Möglichkeit besteht darin, in einem Viervierteltakt auftaktig (eine Achtel!) zunächst auf den Grundton hinzuspielen, einmal „von unten" (d. h. tonleiterabhängig von der großen oder kleinen Septime aus), dann „von oben" (d. h. von der großen oder kleinen Sekunde).
Dann wird die Sekunde auftaktig (eine Achtel) zur Terz weitergeführt, diese wird anschließend auch „von oben" über die Quarte auftaktig angespielt. Anschließend wird die Quarte auftaktig zur Quinte aufwärts geführt, die im nächsten Schritt von der Sexte aus angespielt wird. Über dieses Vorgehen erfahren die Schüler ganz bewusst die Zielnoten des Akkords, z. B. C, E, G im C-Dur-Akkord oder A, C, E, G in einem Am7-Akkord.
Im nächsten Schritt wählen die Schüler die Zielnote (Grundton, Terz, Quinte, Septime ...) selbst aus und spielen diese auf die „4 und" „von unten" oder „von oben" an, sodass auf der Zählzeit Eins immer Zieltöne zu hören sind. Der Auftakt kann nun um zwei, drei, vier ... Achtel erweitert werden, sodass die Schüler allmählich kleine, hinführende Phrasen spielen. Abschließend gestaltet jeder Schüler ein kurzes Solo, bei dem er – je nach Leistungsstand und Ausdrucksbedürfnis – das Tonmaterial möglichst bewusst einsetzt.

Komposition und Improvisation

Das Komponieren von Motiven, kleinen Musikstücken und Liedern/Songs gibt Schülern Gelegenheit zu eigenem musikalischem und inhaltlichem Ausdruck bei gleichzeitiger Festlegung auf musikalische Abläufe, Aussagen, Strukturen etc. Dabei ist nicht nur an Notationsformen in traditioneller Notenschrift gedacht, sondern auch an Darstellungen mit individueller Notenschrift oder grafischer Gestaltung. Die Orientierung kann, muss jedoch nicht, an konventionellen Mustern der Melodiebildung und Harmonisierung erfolgen, sodass jeder Schüler seine individuelle Kompositionssprache finden kann.

Beispiele für kleine Kompositionen sind Motive für Werbejingles, Signature-Tunes für bekannte Marken, ein Handy-Klingelton, ein klassisches, kurzes Motiv mit anschließender Verarbeitung. Beispiele für umfangreichere Kompositionen können die Anordnung von vorgegebenen Melodiebausteinen sein (z. B. W. A. Mozart: Ein musikalisches Würfelspiel), der Entwurf einer musikalischen Grafik bzw. einer grafischen Notation, das Notat eines Songs/Liedes/Werkes für eine bestimmte Besetzung etc.

Besonders die Neue Musik eröffnet viele kreativitätsfördernde Zugänge zu Komposition und Improvisation durch ihre Unkonventionalität und Offenheit.

Neue Medien können derartige Prozesse unterstützen, wie z. B. die kostenlose, plattformunabhängige Software „Composers Kit", mit der sich zahlreiche musikalische Zusammenhänge bis hin zur Komposition thematisieren lassen.

4.8 Musik umsetzen (Transposition)

Das Umsetzen von Musik in Tanz, Bewegung, szenische Darstellung sowie in Bild, Film etc. schließt auch die umgekehrte Richtung ein, also die Umsetzung von Bewegungen, Bildern, Filmen etc. in Musik. Die Bandbreite reicht von bereits vorgegebenen Formen (z. B. die Choreografie eines Pop-Tanzes, eine Schrittfolge im Menuett) bis hin zu völlig freier Gestaltung, worin besondere Potenziale im Hinblick auf inklusiven Musikunterricht liegen. Musikalische Inhalte und Bezüge können dargestellt werden:

- als Tanzform,
- in eigenen Choreografien,
- als Standbilder (z. B. Verkörperung der Stile der Pop-/Rockmusik: HipHop, Heavy Metal, Punk, Reggae),
- als Rollenspiel (z. B. Interview mit einem Komponisten, einer Band),
- als Schattentheater mit Papierfiguren und -kulissen auf dem Overhead-Projektor bzw. als Schattenspiel mit lebenden Personen hinter einer illuminierten Projektionsfläche (z. B. zu „Der Erlkönig" von Franz Schubert),
- als Videoclip bzw. Musik zu einem Video,
- als szenische Interpretation: Schüler übernehmen eine empathische Haltung zu einer Rolle und entwickeln Inszenierungsformen.

Die offene Gestaltung der verschiedenen Umsetzungsformen von Musik ermöglicht individualisierte, musikalische Zugänge für alle Schüler im Sinne eines inklusiven Musikunterrichts bis hin zur konzertanten Aufführung eigener Musicals, Opern, Tänze etc.

Szenische Interpretation

Die szenische Interpretation eignet sich besonders für das ganzheitliche Erleben von Opern. Indem die Schüler verschiedene Rollen einnehmen, passende Standbilder finden, sich sprachlich und musikalisch in kleinen Rollenspielen ausdrücken, können sie handlungs- und erlebnisorientierte Zugänge zu Musikwerken finden.

Die Schüler suchen sich je nach Fähigkeiten eine für sie passende Rolle heraus oder werden entsprechend eingeteilt. In den Haupt- und Nebenrollen mit jeweils unterschiedlichen, zu verkörpernden Figuren findet jeder Schüler einen passenden Charakter. Für den Umgang mit heterogenen Gruppen eignen sich einige Methoden der szenischen Interpretation besonders gut.

Standbildbauen

Standbilder kann man zur Musik, zur Handlung oder zu bestimmten Figurenkonstellationen bauen. Es wird zwischen Schülern unterschieden, die das Standbild formen, und Schülern, die sich formen lassen. So können Schüler selbst mit schweren Einschränkungen zu anderen Rollen in Beziehung gesetzt werden, sich formen lassen und am Unterrichtsgeschehen teilnehmen.

Wer Probleme in der Selbstdarstellung hat, kann andere Schüler zu Standbildern formen. Dies geschieht meist in Kleingruppen. Dabei darf jeder Schüler frei entscheiden, von wem er geformt werden möchte. Alternativ können die Standbilder auch eigenständig ohne fremde Formung entstehen, dies ist gerade für Schüler mit dem Förderschwerpunkt *Emotional-soziale Entwicklung* wichtig, da Körperkontakt von ihnen häufig als unangenehm empfunden wird.

Masken/Schattentheater/Stabfigurentheater

Vor allem Schüler mit körperlichen Einschränkungen fühlen sich unter dem Schutz einer Maske oder als Figur beim Schattentheater hinter einer Leinwand unbeobachtet und damit freier und führen Bewegungen in diesem Schonraum viel selbstbewusster aus. Das gilt auch für schüchterne Schüler.

Tanz und Bewegung

Das Ausführen von gezielten Bewegungen im Puls ist für viele Schüler schwierig. Durch das sukzessive Erarbeiten von Choreografien haben die Schüler die Möglichkeit, komplexere Bewegungen wegzulassen oder zu vereinfachen. Dabei wird die Choreografie meist mit der Erarbeitung einer gemeinsamen Schrittfolge begonnen. Eine Vereinfachung stellt dabei eine Schrittkombination dar, die lediglich die jeweilige Richtung verfolgt, aber auf Kreuzschritte, Sprünge und Drehungen verzichtet. Dies ist für Schüler mit motorischen Einschränkungen oder Schüler im Rollstuhl relevant.

Werden die Grundschritte beherrscht, erfolgt eine Erweiterung der Bewegungen auf andere Körperebenen oder mit anderen Körperteilen. Schüler mit motorischen Schwierigkeiten bleiben bei der Ausführung der Grundschritte.

In heterogenen Gruppen bietet es sich an, nur den Refrain gemeinsam zu tanzen. Die Strophen können im Freestyle getanzt oder als Solopart von geübten Schülern gestaltet werden. Beim Erfinden von eigenen Choreografien sind dagegen homogene Gruppen sinnvoll, um innerhalb der Gruppe auf einheitliche motorische und koordinative Voraussetzungen und Möglichkeiten zurückgreifen zu können. Als Hilfe können den Gruppen Bildkarten oder Videoausschnitte auf einem Tablet-PC oder Laptop mit Schrittfolgen und Figuren an die Hand gegeben werden.

Leitung von Tanz- und Bewegungseinheiten

Sowohl beim Szenischen Spiel als auch beim Tanzen/Bewegen muss die Leitung der Gruppe nicht allein dem Lehrer vorbehalten werden. Schüler übernehmen sehr gerne diese Funktion und haben so die Möglichkeit, auch dann gestaltend an der Unterrichtseinheit teilzuhaben, wenn sie sich durch motorische, emotionale oder andere Einschränkungen nicht in der Lage fühlen, selbst zu tanzen oder sich zu bewegen. Alternativ können sie die Bewegungseinheit auch instrumental oder vokal begleiten.

Tipp: Zu diesem Bereich finden Sie in diesen Büchern weitere Informationen.

- Brinkmann O. Rainer/Kosuch, Markus/Stroh, Markus (2001): Methodenkatalog der szenischen Interpretation von Musiktheater. Oldershausen: Lugert.
- Kosuch, Markus (2009): Szenische Interpretation von Musik. In: Jank, Werner: Musikdidaktik. Berlin: Cornelsen. S. 177–184.

Malen nach/zur Musik

Bei der Übertragung von Musik in Bilder können etwa im Rahmen eines Projekts kreative Kunstwerke entstehen, die sich hinsichtlich der verwendeten Materialien und der Art der Umsetzung und Gestaltung stark unterscheiden. Je nach vorhandenen Gestaltungsmitteln und feinmotorischen Fähigkeiten suchen sich die Schüler ein Material aus, mit dem sie künstlerisch tätig werden wollen.

Die **Materialliste** dient nur als Anregung und kann beliebig ergänzt werden:

- Wasserfarben
- Kreide
- Fotos und Bilder
- Fingermalfarbe
- Wachsmalstifte
- Kohle
- große, bunte Malblätter
- Pappe

Anschließend entscheiden die Schüler, wie sie mit dem Material arbeiten wollen. Zur Inspiration werden einige Arbeitsaufträge vorgestellt.

Darstellen eines Klangverlaufs: Die Musik wird im zeitlichen Verlauf in Bezug auf Tonhöhe, Dynamik, Instrumentierung und Klangvielfalt grafisch dargestellt. Auf einer Zeitachse, die das Stück oder einen Ausschnitt des Stückes umfasst, können einzelne Instrumente z.B. durch verschiedenfarbige Linien dargestellt werden. Die Linienbreite ist ein Indikator für die Dynamik, dabei stellen dünne Linien leise Klänge und dicke Linien laute Klänge dar. Die Tonhöhe wird auf der (gedachten) y-Achse dargestellt, sodass sehr tiefe Töne unten und hohe Töne oben auf dem Blatt aufgezeichnet werden.

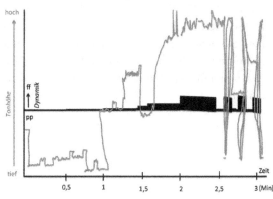

Klangverlauf – Edvard Grieg: Peer Gynt – In der Halle des Bergkönigs

Durch verschiedene Formen wie Dreiecke und Kreise können besondere Klangereignisse festgehalten werden. Je nach Leistungsvermögen werden ein oder mehrere Parameter umgesetzt. Die einzelnen Parameter (Tonhöhe, Dynamik, Instrumente und Klangfarben) können auf unterschiedliche Schüler aufgeteilt, auf einer Folie dargestellt und anschließend übereinander gelegt werden.

- **Assoziatives Bild:** Die Schüler hören die Musik und lassen innere Bilder entstehen. Ob das eher ein Sonnenuntergang, ein Vogelschwarm oder eine Landschaft ist, spielt keine Rolle. Jeder Schüler malt zur Musik, was ihm persönlich einfällt, weshalb jeder diese Aufgabe erfüllen kann. Sie ist nicht mit musikalischen Parametern verbunden.
- **Abstrakte Grafik:** Die Aufgabe ähnelt der vorigen. Allerdings soll hier die Musik nur mit grafischen Mustern und Symbolen dargestellt werden. Für Schüler ohne Vorerfahrungen eignet sich eine Art Bildlexikon, in dem sie Anregungen für verschiedene Symbole und Grafiken bekommen. Dieses Bildlexikon kann mit den Schülern gemeinsam im Rahmen eines Portfolios erarbeitet oder von der Lehrkraft selbst zur Anschauung erstellt werden.
- **Collage:** Schüler, denen es schwerfällt, eigene Idee aufzumalen, können Bilder oder Fotos aus einer Zeitschriftensammlung aussuchen und passend zur Musik eine Collage zusammenstellen.
- **Ein gemeinsames Bild erstellen:** Bei dieser kooperativen Methode arbeiten Schülergruppen an einem gemeinsamen Bild. Während im Hintergrund die Musik zu hören ist, beginnt jeder Schüler, ein passendes Bild dazu zu malen. Auf ein vorher verabredetes Signal hin rücken die Schüler einen Platz weiter und arbeiten am Bild ihres Nachbarn weiter. Dabei werden die vorgefundenen Ideen aufgegriffen, weiterentwickelt und ergänzt.

Die Schüler lernen dabei die Sichtweisen ihrer Mitschüler auf die Musik kennen. Sie gehen respektvoll mit den Arbeiten anderer um und erstellen ein gemeinsames Bild, in dem die unterschiedlichen Kompetenzen der Schüler zusammenfließen. Ein abschließender Galeriegang beendet die Unterrichtseinheit.

4.9 Über Musik nachdenken (Reflexion)

Unterrichtseinheiten, die in erster Linie auf reflexive Inhalte zielen, müssen zieldifferent ausgearbeitet werden. Offene Arbeitsformen eignen sich dafür besonders, da jeder Schüler mit dem benötigten Material seiner Wahl arbeiten kann. Exemplarisch wird hier auf die Erarbeitung eines Komponistenporträts eingegangen.

Musikgeschichte: Komponistensteckbrief

Der Komponist kann vorgegeben oder von den Schülern selbst gewählt werden. Den individuellen Interessen der Schüler Raum zu geben, bietet sich an, um eine größere Unterrichtsreihe zu verschiedenen Komponisten durchzuführen, welche später z.B. nach Epochen geordnet vorgestellt und miteinander verglichen werden. Schüler mit geringen musikgeschichtlichen Vorkenntnissen und Problemen bei der eigenverantwortlichen Entscheidung bekommen eine mögliche Auswahl an Komponisten.

Die Erarbeitung eines Steckbriefes lässt sehr unterschiedliche Herangehensweisen zu, die auf die einzelnen Schüler abgestimmt werden können.

Bei einer offenen Recherchearbeit können sich die Schüler selbstständig Informationen für ihren Steckbrief aus bereitgestellten Quellen wie Büchern, Lexika und dem Internet erarbeiten. Auf dem Arbeitsblatt finden die Schüler wichtige Anhaltspunkte dafür, nach welchen Informationen sie gezielt suchen müssen.

Das Arbeitsblatt (siehe Kopiervorlage S. 134) ist bewusst sehr offen gehalten und ermöglicht damit allen Schülergruppen einen leistungsangepassten Umgang. Für Schüler, die zieldifferent unterrichtet werden, können die offenen Aufgaben durch Lückentexte ersetzt werden, in die sie nur einzelne Wörter einfügen müssen. Außerdem wird der Umfang des Arbeitsblattes reduziert.

Auch für Schüler mit dem Förderschwerpunkt *Geistige Entwicklung* eignet sich die Arbeit zu einem vorgegebenen Komponisten. Vorgefertigte Bilder- und/oder Textkärtchen können ausgeschnitten und in die passenden Zeilen geklebt werden. Das Arbeitsblatt ist klar strukturiert und bietet sich somit auch für Schüler mit den Förderschwerpunkten *Emotional-soziale Entwicklung* und *Sehen* an. Für sehbeeinträchtige Schüler sollte beim Erstellen eines Arbeitsblattes darauf geachtet werden, dass eine Schrift ohne Serifen gewählt wird.

Name: _____ Klasse: _____ Datum: _____

Komponistensteckbrief ♪

Name: _____

Geboren am _____

Gestorben am _____

Epoche: _____

Kompositionen (Jahr/Titel): _____

_____

_____

Platz für ein Bild

Gespielte Instrumente: _____

_____

Berufe: _____

Familie: _____

Wichtige Stationen im Leben (Jahr/Was ist passiert?): _____

_____

_____

_____

Dies geschah noch in der Zeit: _____

_____

_____

Diese Quellen habe ich verwendet (Bücher, Internetseiten): _____

_____

(Wenn der Platz nicht reicht, auf der Rückseite weiterschreiben.)

Instrumentenkunde: „Mein Trauminstrument"

Im Rahmen der konventionellen Instrumentenkunde werden im Musikunterricht über mehrere Jahrgangsstufen hinweg die verschiedenen Orchester-, Band-, Percussionsinstrumente bzw. ethnische und elektronische/elektromechanische Instrumente behandelt. Wenn diese Instrumente von den einzelnen Schülern jedoch nicht erlernt werden, bleiben sie häufig abstrakt und leblos.

Motivierender kann darum die gedankliche oder reale Erfindung eines Instruments sein, das den eigenen Bedürfnissen und Voraussetzungen gerecht wird. Dazu überlegen sich die Schüler, wie ihr „Trauminstrument" aussehen und welche Eigenschaften es aufweisen müsste. Diese Vorstellungen werden von ihnen verbildlicht. Alternativ oder zusätzlich beschreiben sie in einem kurzen Aufsatz, wie sie sich ihr Instrument vorstellen, wie es klingt und warum es für die Schüler „traumhaft" ist.

Außerdem können die Schüler im fächerverbindenden Unterricht (z.B. mit Mathematik) angehalten werden, im Internet oder im Baumarkt nach konkreten Materialien und Preisen für die Bestandteile ihres Instruments zu suchen, einen Finanzierungsplan für die Herstellung zu entwerfen, einen Verkaufspreis zu errechnen etc. Das eigene „Trauminstrument" wird abschließend der Klassengemeinschaft vorgestellt. Es erfüllt die individuellen Bedürfnisse und kann u.U. eine Inspiration für den realen Instrumentenbau bzw. für vergleichbare Instrumentenanschaffungen an der Schule sein.

Musiktheorie

Musiktheoretische Inhalte bereiten Schülern ohne instrumentale/vokale Vorerfahrung häufig große Schwierigkeiten. Was für Musiker offensichtlich ist, erscheint Nicht-Musikern zunächst abstrakt und unverständlich, zudem ist die Notwendigkeit, sich damit im Unterricht auseinanderzusetzen, nicht einsichtig, wenn die Inhalte nicht praxisrelevant sind.

Aus diesem Grund sollte der Unterricht praktisch angelegt sein und verdeutlichen, weshalb die theoretischen Inhalte sinnvoll und notwendig sind. Dafür brauchen die Schüler Gelegenheit zum ständigen Anwenden und Üben.

Es sollte nicht nur die bestehende, traditionelle Musiklehre vermittelt, sondern auch zum Experimentieren angeregt werden, sodass Schüler eigene Lösungen für musikalische Probleme und eigene Darstellungsweisen finden können, die u.U. nicht den konventionellen Regeln und Symbolen entsprechen (z.B. für dynamische Zeichen und Verläufe). Im Sinne eines inklusiven Unterrichts lassen sich z. B. Melodietöne und Akkorde nicht nur herkömmlich über das Notenbild und Instrumentalspiel erfahren, sondern auch elementar körperlich:

- durch Solmisation/Solfège in Verbindung mit Handzeichen und Dirigat,
- durch ganzkörperliche Bewegung (z. B. Erfahren der Kadenz, durch Tonika: sitzen, Subdominante: aufstehen und weggehen, Dominante: zurück an den Platz gehen),
- beim Thema Dynamik (z. B. Lautstärke mit Körperhaltung oder Handzeichen umsetzen),
- bei der Tonleiter (z. B. „lebendige Tonleiter" mit Boomwhackers spielenden Schülern bilden und Melodien zeigen/spielen),
- Puls, Takt, Rhythmus (z. B. Puls zu verschiedenen Musiken gehen, Rhythmen sprechend/klatschend nachahmen, selbst erfinden, aus Notationen übertragen und in Notation umsetzen; Takte improvisatorisch füllen, notieren etc.).

Darüber hinaus gibt es zahlreiche (kostenlose) Apps und Computer-Programme, um musiktheoretische Inhalte spielerisch je nach Lernstand zu trainieren.

Analyse von Musikwerken

Hier können individuelle Aufgabenstellungen an das Leistungsniveau der Schüler angepasst werden. Beispielsweise werden in einer Partitur unterschiedliche Angaben, ähnlich einem Lückentext, weggelassen, welche von den Schülern nach erfolgter Analyse selbst eingetragen werden müssen.

Hierfür eignen sich dynamische Zeichen, Taktartangaben, Instrumentenbezeichnungen oder Akkordsymbole. Außerdem können wiederkehrende Melodien und Formteile markiert werden. Durch die Verteilung unterschiedlicher Aufgaben in der Klasse entsteht als Endprodukt eine umfangreiche Analyse des vorliegenden Musikstücks. Mögliche Aufgaben könnten sein:

- In welchem Takt steht das Stück? Trage es ein.
- Füge die Harmonien ein.
- Trage folgende dynamische Zeichen ein: p, pp, ff.
- Wie oft kommt das markierte Motiv im Notenbeispiel vor?

Tipp: Weitere Ideen zum Bereich Musikreflexion finden Sie bei Höfer (2015): „Thema und Variation" vermitteln im subjektorientierten Musikunterricht. In: Riegert/Musenberg (Hrsg): Inklusiver Fachunterricht in der Sekundarstufe. Stuttgart: Kohlhammer.

5. Eine exemplarische Unterrichtsstunde

Die folgende Unterrichtsstunde ist so konzipiert, dass verschiedene Diversitäts-faktoren berücksichtigt werden. Die Ausführungen sollen dazu anregen, eigene Stundenideen zu entwickeln. Die Beispielstunde ist in eine konkrete Unter-richtsreihe eingebettet, die hier nur in Ansätzen umrissen wird.

Filmmusik: Ein musikalisches Thema wird praktisch erarbeitet

In der **Unterrichtsreihe** werden Kenntnisse über die Wirkungsweisen von Filmmusik erworben sowie Merkmale von Themen und Motiven der Film-musik herausgearbeitet. Die Wirkung von Musik wird durch eine Gruppenarbeit erlebbar gemacht, in der alle Gruppen zwar eine identische nonverbale Filmse-quenz aus dem Film „James Bond" sehen, die hinterlegten Musikausschnitte sich jedoch stark unterscheiden.

Im Plenum wird der Inhalt der Filmsequenz besprochen, der aufgrund ver-schiedener Hörerlebnisse divergent beschrieben wird. Der Filmausschnitt wird anschließend erneut angesehen, allerdings erfolgt die klangliche Hinterlegung nun mit der originalen Filmmusik. Daran schließen sich die theoretische Ein-führung der Begriffe „Thema" und „Motiv" und die weitere Arbeit damit an.

In der dargestellten Stunde werden in dem Song „Skyfall" von Adele einzel-ne **Motive** des originalen „James-Bond-Themas" wiedererkannt und im weiteren Verlauf praktisch umgesetzt.

Den **Einstieg** bildet die Betrachtung des Kippbildes „Rubinsche Vase" von Edgar Rubin. Aufgrund unterschiedlicher Wahrnehmung erkennen einige Schü-ler eher eine Vase und andere Schüler eher zwei Gesichter. Wenn sich die Schü-ler näher mit dem Bild befassen und die optische Täuschung kennen, können sie mit der Zeit beide Bilder wahrnehmen.

Dieser Einstieg wird gewählt, um die Neugier der Schüler zu wecken und um sie für die folgende Höraufgabe zu sensibilisieren. Bei dem Song „Skyfall" von Adele können die Schüler beim genauen Hinhören einzelne Motive des „James-Bond-Themas" erkennen. Man könnte also den Song „Skyfall" als „akustische Täuschung" verstehen. Je nach Hörerfahrung werden einige Schüler beim ersten Hören „nur" den Song von Adele wahrnehmen, andere die bereits bekannten James-Bond-Motive erkennen. Die Erfahrung mit der visuellen Wahrnehmung des Kippbildes wird somit auf die akustische Wahrnehmung des Songs „Skyfall" übertragen.

Die **praktische Erarbeitung** erfolgt in Partnerarbeit; die Paare finden sich in einem kommunikativen Austausch mithilfe eines musikalischen Memory-Spiels.

Für die weitere Unterrichtsstunde wurden die Instrumente Keyboard und Gitarre ausgewählt. Gründe hierfür sind das Klangerlebnis, der vermutlich hohe motivationale Charakter sowie die Möglichkeit zur Differenzierung. Gerade Keyboards eignen sich in instrumentalen Übephasen: Durch das Spiel mit Kopfhörern entsteht eine konzentrierte Arbeitsatmosphäre mit angenehmer Lautstärke (Grundkenntnisse über den Aufbau der benötigten Instrumente und den instrumentalpraktischen Umgang damit sollten den Schülern aus vorhergehenden Unterrichtsreihen bekannt sein).

Der individuelle Übeprozess in der Erprobungsphase ist durch unterschiedliche Aufgabenformate und Hilfestellungen differenziert. Außerdem benutzen alle Schüler zusätzlich zum Arbeitsauftrag eine ihnen schon bekannte Hilfskarte, auf der Tipps zum Üben und Spielen von Instrumenten vermerkt sind. Hier sind gemeinsam erarbeitete methodische Herangehensweisen zur Unterstützung der Schüler zusammengefasst.

Am Stundenende entsteht ein Gemeinschaftsprodukt, bei dem nicht vorausgesetzt wird, dass alle Schüler das „James-Bond-Thema" in gleichem Maße beherrschen. Im Sinne des inklusiven Musizierens spielen die Schüler entweder das gesamte Thema oder erlernte Teile bzw. Einzeltöne gemeinsam zum Song „Skyfall". Sie erkennen, dass das „James-Bond-Thema" in den Song eingearbeitet ist. Um Merkmale einzelner Themen und Motive herauszuarbeiten, werden die Schüler in den **folgenden Stunden** selbst ein Thema oder Motiv zu vorgegebenen Filmsequenzen schreiben und präsentieren.

Fachdidaktische Ziele der Unterrichtsstunde

In der Stunde sollen die Schüler auf ihrem individuellen Abstraktionsgrad die Einbettung des Originalthemas von „James Bond" im Song „Skyfall" von Adele erkennen. Dies kann von der bloßen Wahrnehmung des Themas im Song bis zur funktionsanalytischen Begründung reichen. Darüber hinaus erwerben die Schüler instrumentalpraktische Fertigkeiten oder erweitern diese. Der Spielraum reicht dabei vom Musizieren mit Einzeltönen bis hin zum mehrstimmigen Spiel des gesamten Themas. Die Stunde ist insgesamt so strukturiert und differenziert, dass jeder Schüler individuell auf seinem Niveau lernen und reflektieren kann, ohne auf das gemeinsame Musizieren zu verzichten.

Unterrichtsverlauf

Der **Stundeneinstieg** dient der Problemsensibilisierung und Visualisierung des Stundenthemas. Über die Analogie mit dem Kippbild wird dargestellt, dass eine bekannte Filmmusik in einem Musikstück versteckt sein kann.

Lehreraktivität	Schüleraktivität	Feinziele
Begrüßung und Problemstellung: ein Kippbild interpretieren	Die Schüler betrachten das Bild „Die Rubinsche Vase" von Edgar Rubin und beschreiben, was sie darauf erkennen.	Die Schüler können in einem Bild eine optische Täuschung erkennen.
Der Lehrer erläutert das Stundenziel: Ein bekanntes Filmmusikthema soll aus einem Popsong herausgehört und auf einem Instrument erlernt werden.	Die Schüler hören den Song „Skyfall" von Adele.	Die Schüler können in einem Song ein bekanntes Thema erkennen.
Der konkrete Stundenverlauf wird an der Tafel visualisiert.		

Kommentar zur Heterogenität

- Die klar aufgezeigte Struktur und Zielstellung sowie ein ritualisierter Stundenablauf sorgen für Transparenz.
- Durch den bildlichen Einstieg in Form eines Rätsels werden die Schüler motiviert und können besser nachvollziehen, worauf sie im Hörbeispiel achten sollen.
- Das Bild sollte als großes Plakat ausgehängt oder mit einem Smartboard projiziert werden. Durch die einfache Formgebung kann die „Rubinsche Vase" für blinde und sehbehinderte Schüler auch als taktile Grafik erstellt werden.

Planungsphase

Mit Hilfe eines Notenmemorys werden Paare für die Partnerarbeit gebildet. Hierfür finden die Schüler unter ihrem Stuhl Karten, auf denen Noten, Notennamen oder eine Klaviatur mit einer markierten Taste vermerkt sind. Die Schüler sind nun angehalten, ihren Partner zu finden, indem sie ihrer Note den passenden Notennamen bzw. die richtige Klaviertaste zuordnen.

Bei einer festen Sitzordnung ist es auf diese Weise möglich, bewusst Paare zu bilden und Instrumente zuzuordnen. Die Paare sollten so zusammengestellt werden, dass sie sich gegenseitig helfen können. Auch die konkrete Zuordnung zu den Instrumenten erfolgt nach individuellen Fähigkeiten. Die Schüler haben jedoch nicht das Gefühl, von der Lehrkraft eingeteilt zu werden.

Lehreraktivität	Schüleraktivität	Feinziele
Der Lehrer instruiert den Gruppenbildungsprozess.	Die Schüler finden unter ihrem Stuhl Kärtchen mit einer Note oder einem Notennamen und müssen den passenden Partner finden. Gemeinsam setzen sie sich an das ebenfalls mit diesem Notennamen markierte Instrument.	Die Schüler können Noten den passenden Notennamen zuordnen.

Kommentar zur Heterogenität:
- Die Karten können mit starker Vergrößerung, in haptischer Darstellung oder in Brailleschrift erstellt werden.
- Unbewusste Bewegungseinheiten im Unterricht helfen, die Konzentration aufrecht zu erhalten.
- Durch die Kommunikation mit den Mitschülern können Hilfen gegeben werden.
- Eine Leistungsdifferenzierung ist durch die bewusste Zuteilung von Karten mit Noten oder Notennamen gewährleistet.
- Das den Schülern zugeordnete Instrument ist ebenfalls mit dem Notennamen versehen, sodass auch Schüler mit Schwierigkeiten im kommunikativen Austausch ihren Partner und ihr Instrument finden können, indem sie sich einfach zum passenden Instrument stellen.

Erprobungsphase

In der Erprobungsphase üben die Schüler selbstständig und individualisiert das James-Bond-Thema auf den Instrumenten, sodass die Lehrkraft Zeit zum Helfen und Beobachten hat. In dieser heterogenen Lerngruppe stehen allen Schülern neben der herkömmlichen Notation auch Hilfen in Form von grafischer Notation sowie Material zum Präparieren der Instrumente (Klebepunkte und Tastenaufsteller, siehe S. 142) zur Verfügung.

Lehreraktivität	Schüleraktivität	Feinziele
Der Lehrer steht den Gruppen bei Bedarf beratend zur Seite und beobachtet den Lernprozess.	Die Schüler erarbeiten das markante James-Bond-Thema in Partnerarbeit. Sie lesen und bearbeiten die Aufgabenkarten.	Die Schüler können das Melodiethema nach ihren individuellen Möglichkeiten auf der Gitarre bzw. auf dem Keyboard spielen.

Kommentar zur Heterogenität:
- Die Aufgaben auf den bereitliegenden Aufgabenkarten steigen im Anforderungsgrad (vgl. hierzu S. 113/114). Die Schüler können sie in ihrem individuellen Tempo bearbeiten. Hilfskarten mit grafischer Notation sowie Knobelkarten mit dem vollständigen Thema liegen bereit.
- Farbige Klebepunkte analog zur Hilfskarte ermöglichen die Teilhabe ohne Notenkenntnisse.
- Durch das Spielen von umgestimmten Leersaiten oder Powerchords können die Instrumente vereinfacht werden.

- Wichtig ist die Beteiligung am gemeinsamen Spiel. Die Schüler können eventuell in adaptierter oder vereinfachter Form auf den Instrumenten spielen. Erst wenn das nicht klappt, sollten sie auf Rhythmusinstrumente ausweichen. Das Thema kann auf die motorisch einfacher zu handhabenden Bassklangstäbe übertragen werden. In jedem Fall ist auf die Klangeffekte eines Instruments und die Passung zur ausgewählten Musik zu achten. Bassklangstäbe eignen sich hier auch musikalisch und wirken effektverstärkend.
- Bei der Arbeit am Keyboard kann die Lautstärke durch die Kopfhörer individuell eingestellt werden; so wird ein individuelles Klangerleben möglich. Außerdem werden durch gute Kopfhörer andere Geräusche abgeschirmt. Bei hochgradiger Schwerhörigkeit kann für ein physisches Erlebnis ein Instrument mit hoher Vibration (z. B. Flügel oder Bass) eingesetzt werden.
- Erhabene Klebepunkte helfen den sehbehinderten Schülern bei der Orientierung am Instrument.
- Die verbleibende Zeit wird durch einen sogenannten Time-Timer an der Tafel visualisiert.

Ausführungsphase

In der Ausführungsphase sollen alle Schüler das erarbeitete James-Bond-Thema gemeinsam zum Song „Skyfall" spielen. Dieses Ziel hält die Motivation und Anstrengungsbereitschaft aufrecht. In einer Generalprobe wird zuerst das gemeinsame Spiel des Originalthemas geübt. Die Lehrkraft übernimmt hier eine anleitende und gestaltende Funktion. Es schließt sich eine Aufführung zum Song „Skyfall" von Adele an, wobei die Schüler jetzt das Originalthema zum Song spielen.

Lehreraktivität	Schüleraktivität	Feinziele
Der Lehrer leitet die gemeinsame Generalprobe und Aufführung der Klasse zum Song „Skyfall".	Die Schüler spielen gemeinsam das „James-Bond-Thema".	Die Schüler können das Thema in ihren Möglichkeiten auf ihrem Instrument spielen.

Kommentar zur Heterogenität:
- Jeder spielt das Thema nach seinen Möglichkeiten (zweistimmig, einstimmig oder vereinfacht) und trägt so zum Gesamtklangerlebnis bei. Das gemeinsame Klassenmusizieren bietet einen Schonraum, in dem jeder nach seinen Fähigkeiten spielen kann, ohne aufzufallen.
- Durch ein klares Dirigierschema können auch Hörbeeinträchtigte an der Aufführung teilnehmen. Beim gemeinsamen Musizieren empfiehlt es sich, die Hörgeräte auszuschalten, um Geräuschüberlagerungen zu vermeiden.

Evaluationsphase

Feedbackmethoden bieten vielfältige Möglichkeiten, Unterrichtsinhalte und Lern- und Leistungsprozesse gewinnbringend auszuwerten.

Lehreraktivität	Schüleraktivität	Feinziele
Der Lehrer lässt die Schüler auf einer Zielscheibe ihre Bewertung abgeben. Das entstandene Bild auf der Zielscheibe wird mit Hilfe der Schüler ausgewertet; es werden Ziele für die nächste Stunde erarbeitet.	An einer Zielscheibe schätzen sich die Schüler hinsichtlich ihrer Anstrengungsbereitschaft, ihrem Lernverständnis, der Einhaltung von Regeln und der Zusammenarbeit mit dem Partner ein.	Die Schüler können ihre Arbeitsweise und ihren Lernfortschritt einschätzen.

Sonderpädagogischer Kommentar:

- Die Selbsteinschätzung ist wichtig, um das eigene Verhalten zu regulieren und Konsequenzen nachzuvollziehen. Es können Stundenziele für einzelne Schüler oder die ganze Klasse aufgestellt werden, welche mit einem Belohnungssystem (Tokensystem) ausgewertet werden.
- Für sehbehinderte Schüler muss die Zielscheibe verbal beschrieben werden, entweder von einem anderen Schüler oder der Lehrkraft.

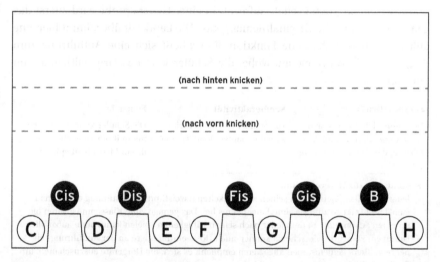

Beim Einsatz von Tasteninstrumenten kann dieser Tastenreiter/Aufsteller bei der Orientierung helfen (mit 141% vergrößern). Aus: Frenzke, P./Hinz, R./Kruse, R. (2008): Band ohne Noten. CD-ROM.

Literatur

AMRHEIN, F. (1993): Bewegungs-, Ausdrucks-, Wahrnehmungs- und Kommunikationsförderung mit Musik. In: Zeitschrift für Heilpädagogik (9) 1993, S. 570-589.

EBERHARD, D. M. (2010): Unterrichtsstörungen im Fach Musik aus Sicht der Beteiligten und Entwurf eines Diagnosebogens zur Metakommunikation im Musikunterricht der Bayerischen Realschule. OPUS-Hochschulschriftenserver der Universität Augsburg. URL: http://opus.bibliothek.uni-augsburg.de/opus4/frontdoor/index/index/docId/1430 (23.03.2015)

EBERHARD, D. M. (2013): Kreativ & Experimentell. Neue Musik mit dem Computer komponieren. In: muc – Musikunterricht und Computer. Jahresausgabe 2013.

EBERHARD, D. M. (2015): Unterrichtseinstiege Musik in der Sek. I. Berlin: Cornelsen.

FEUSER, G. (2013): Die „Kooperation am Gemeinsamen Gegenstand" – ein Entwicklung induzierendes Lernen. In: Feuser, G./Kutscher J. (Hrsg.): Entwicklung und Lernen (S. 282-293). Stuttgart.

FORNEFELD, B. (2009): Grundwissen Geistigbehindertenpädagogik. München: Reinhardt.

FRENZKE, P./HINZ, R./KRUSE, R. (2008): Musik Live – Band ohne Noten. Mainz: Schott/Klett, s. dazu auch: www.band-ohne-noten.de

GEMBRIS, H. (2005): Begabung. In: Helms, S./Schneider, R./Weber, R. (Hrsg.): Lexikon der Musikpädagogik. Kassel: Gustav Bosse. S. 32.

GREUEL, T. (2007): In Möglichkeiten denken – Qualität verbessern – Auf dem Weg zu einer musikpädagogischen Diagnostik. Kassel: Bosse.

GROHÉ, M. (2011): Der Musiklehrer-Coach. Professionelles Handeln in konflikthaften Unterrichtssituationen. Rum/Innsbruck, Esslingen: Helbling.

HAVIGHURST, R. J. (1948): Developmental Tasks and Education. New York: Longman.

HÖFER, U. (2015): „Thema und Variation" vermitteln im subjektorientierten Musikunterricht. In: Riegert, J./Musenberg, O. (Hrsg.): Inklusiver Fachunterricht in der Sekundarstufe. Stuttgart: Kohlhammer.

INSTITUT FÜR QUALITÄTSENTWICKLUNG AN SCHULEN SCHLESWIG HOLSTEIN (Hrsg.) (2011): Umgang mit Heterogenität im Musikunterricht, Bd. 1.

INSTITUT FÜR QUALITÄTSENTWICKLUNG AN SCHULEN SCHLESWIG HOLSTEIN (Hrsg.) (2012): Umgang mit Heterogenität im Musikunterricht, Bd. 2: Musik erleben und gestalten – Praxishilfen für die Klassenstufen 3-6.

INSTITUT FÜR QUALITÄTSENTWICKLUNG AN SCHULEN SCHLESWIG HOLSTEIN (Hrsg.) (2013): Umgang mit Heterogenität im Musikunterricht, Bd. 3: Spielend Noten lernen – Praxishilfen für die Klassenstufen 5-7.

KELLER, G. (2008): Disziplinmanagement in der Schulklasse. Unterrichtsstörungen vorbeugen – Unterrichtsstörungen bewältigen. Bern: Hans Gruber.

KLAUER, A. (Hrsg.) (2010/2011): Klick! Musik 5/6 und 7-9 (Schülerbuch, Handreichung Lehrer). Berlin: Cornelsen.

KRAEMER, R.-D. (2004): Musikpädagogik – eine Einführung in das Studium. Augsburg: Wißner.

KRÖNIG, F. K./NEUBERT, T. (2012): Harmonie finden – Musik: 5 Hits, 4 Akkorde, 2 Takte, 1 Song – ein Quodlibet aus 5 Popsongs für eine Klasse. In: mittendrin e.V. (Hrsg.): Eine Schule für alle – Inklusion umsetzen in der Sekundarstufe.

KULTUSMINISTER-KONFERENZ (2014): Sonderpädagogische Förderung in allgemeinen Schulen 2013/2014. Berlin.

LEHMANN-WERMSER, A. (2002): Vom Verschwinden der Jungen aus der Musikdidaktik. Zeitschrift für Kritische Musikpädagogik. Online unter: http://home.arcor.de/zfkm/lehmannw1.pdf

LOHMANN, G. (2003): Mit Schülern klarkommen: Professioneller Umgang mit Unterrichtsstörungen und Disziplinkonflikten. Berlin: Cornelsen.

MERKT, I. (1997): Musikunterricht in der Sonderschule. In: S. Helms/R. Schneider/R. Weber (1997): Handbuch des Musikunterrichts Bd. 1 – Primarstufe. Kassel: Bosse 1997, S. 39-47.

MITTENDRIN E.V. (Hrsg.) (2012): Eine Schule für alle – Inklusion umsetzen in der Sekundarstufe. Verlag an der Ruhr.

MITTENDRIN E.V. (Hrsg.) (2013): Alle mittendrin – Inklusion an der Grundschule. Verlag an der Ruhr.

NEUMANN, F. (2000): Stomp in the classroom. Musik & Bildung. Mainz: Schott.

OERTER, R./MONTADA L. (Hrsg.) (2002): Entwicklungspsychologie. Weinheim: Beltz.

PREUSS-LAUSITZ, U. (2005): Verhaltensauffällige Kinder integrieren. Zur Förderung der emotionalen und sozialen Entwicklung. Weinheim und Basel: Beltz.

PROBST, W./SCHUCHHARDT, A./STEINMANN, B. (2006): Musik überall – Ein Wegweiser für Förder- und Grundschule. Braunschweig: Westermann.

RAAB, M. (2014). Appetizer Musik: Ideen und Materialien für themenorientierte Stundeneinstiege. Mühlheim an der Ruhr: Verlag an der Ruhr.

RAUHE, H./REINECKE, H.-P./RIBKE, W. (1975): Hören und Verstehen. Theorie und Praxis handlungsorientierten Musikunterrichts. München: Kösel.

RIEGERT, J./MUSENBERG, O. (2015): Inklusiver Fachunterricht in der Sekundarstufe (S. 391–410). Stuttgart: Kohlhammer.

ROLLE, C. (1999): Musikalisch-ästhetische Bildung. Über die Bedeutung ästhetischer Erfahrung für musikalische Bildungsprozesse. Kassel: Bosse.

SCHÖLER, J. (2009): Alle sind verschieden – Auf dem Weg zur Inklusion in der Schule. Weinheim und Basel: Beltz.

SCHWABE, M. (1992): Musik spielend erfinden. Improvisieren in der Gruppe für Anfänger und Fortgeschrittene. Kassel: Bärenreiter.

SPYCHIGER, M. (1993): Musik und außermusikalische Lerninhalte. In: Bruhn, H./Oerter, R./ Rösing, H. (Hrsg.): Musikpsychologie. Ein Handbuch. Reinbek: rororo.

TERHAG, J. (1991): Schul-Musik und Schüler-Musik. Zeitlos aktuelle Herausforderungen des Musikunterrichts zwischen Aufbereitung, Bewahrung und Zerstörung. In: Lugert, W. D./ Schütz, V. (Hrsg.): Aspekte gegenwärtiger Musikpädagogik. Ein Fach im Umbruch. Stuttgart: Metzler. S. 226ff.

TERHAG, J. (2011): Warm-ups. Musikalische Übungen für Kinder, Jugendliche Erwachsene. Mainz: Schott.

TERHAG, J. (2013): Improvisation: Elementare Arbeit mit Kindern, Jugendlichen und Erwachsenen. Mainz: Schott.

VAUGHAN, M. (Hrsg.) (2003): Index für Inklusion. Lernen und Teilhabe in der Schule der Vielfalt entwickeln. Online unter: http://www.eenet.org.uk/resources/docs/Index%20German.pdf

WIATER, W. (2005): Unterrichtsprinzipien. Donauwörth: Auer.

WILKE, K. (2012): Bushido oder Bunt sind schon die Wälder?! Musikpräferenzen von Kindern in der Grundschule. Münster: LIT.